Hans Friebertshäuser

Landleben und dörfliche Arbeitswelt in Hessen

Regionalkultur im Umbruch des 20. Jahrhunderts

Husum

Umschlagbild: Getreideernte mit Sense und Sichel.

Bibliografische Information Der Deutschen Bibliothek

Die Deutsche Bibliothek verzeichnet diese Publikation in der Deutschen Nationalbibliografie; detaillierte bibliografische Daten sind im Internet über http://dnb.ddb.de abrufbar.

Satz: Fotosatz Husum GmbH
Druck und Verarbeitung: Husum Druck- und Verlagsgesellschaft
Postfach 1480, D-25804 Husum – www.verlagsgruppe.de

ISBN 3-89876-090-1

Vorwort

Mit dem vorliegenden Buch will ich versuchen, einen wichtigen Ausschnitt aus der Lebens- und Arbeitswelt der Menschen in Hessen im Umbruch des 20. Jahrhunderts darzustellen. Damit knüpfe ich an die Untersuchung „Die Mundarten in Hessen – Regionalkultur im Umbruch des 20. Jahrhunderts" an.

Vor allem kommt es in der vorliegenden Dokumentation darauf an, den Wandel im 20. Jahrhundert, der **alle Bereiche des Lebens** erfasst hat, an **ausgewählten Beispielen** zu beschreiben. Es geht um die Darstellung eines geradezu revolutionären Umbruchs, der nicht nur das regionale **Sprachleben** (behandelt im Buch „Die Mundarten in Hessen – Regionalkultur im Umbruch des 20. Jahrhunderts"), sondern auch die gesamte **Lebens**- und die **Arbeitswelt** der Menschen und außerdem die Situation mancher alter bäuerlicher, industrieller und handwerklicher Berufe erfasst hat. Alle Bereiche des Lebens sind von diesem Wandel beeinflusst worden.

Das vorliegende Buch knüpft damit teilweise auch an Untersuchungen an, die ich früher schon vorgelegt habe (1994 z. B. mit weiterführender Literatur).

Allerdings sind **wesentliche** Unterschiede vorhanden, auf die ich – um Missverständnisse zu vermeiden – nachdrücklich hinweisen möchte:

1) Unsere bisherigen Darstellungen behandeln vor allem anhand besonders wichtiger Beispiele die geschichtliche **Entwicklung** des Sprach- und Landlebens, nicht nur die Entwicklung im 20., sondern auch die im 19. Jh., z.T. auch noch die in früherer Zeit, soweit Fakten darüber vorliegen. Sie sind also vor allem historisch angelegt.

Zwar fehlt bei der jetzigen Arbeit „Landleben und dörfliche Arbeitswelt in Hessen" der geschichtliche Bezug nicht, aber er umfasst bis auf wenige Ausnahmen nur den Umbruch im 20. Jahrhundert. Darauf verweist schon der Titel der Untersuchung. Großen Wert habe ich jedoch im Gegensatz zum Inhalt der bisherigen Publikationen auf die Beschreibung der **gegenwärtigen Situation** gelegt und natürlich auf Aussagen darüber, wie das Landleben sich besonders seit dem Ersten Weltkrieg entwickelt hat.

2) Die bisherigen Publikationen behandeln bis auf eine Ausnahme (Friebertshäuser 1993) nur kleine, überschaubare **Teilregionen** des Hessischen. Eine größere Gesamtdarstellung, die das Gebiet von Limburg bis Fulda, von Bad Carlshafen bis Bürstadt umschließt, ist erst in der vorliegenden Untersuchung erarbeitet worden. So ist erst mit ihr eine Dokumentation mit vielen wichtigen Aussagen zum Umbruch im 20. Jh. behandelt worden, wie sie bisher noch nicht existiert.

3) Die Belege über das Landleben sind in zahlreichen Interviews gesammelt und – wenn möglich – in ihrer Entwicklung im 20. Jahrhundert und vor allem in ihrem heutigen Vorkommen dargestellt worden.

Wichtig für die Qualität einer Forschungsarbeit – wie es für die vorliegende Darstellung gilt – sind nun u. a. das Untersuchungsverfahren und die Untersuchungsdurchführung.

Eine große Rolle für uns spielte die Auswahl der **Belegorte**. Sie sollten im ländlichen Raum liegen, im Zeitalter der Urbanisierung aber doch nicht zu weit von den sog. städtischen Ober- und Mittelzentren entfernt sein. Von diesen Hauptzentren aus beginnen ja die wichtigsten Neuerungen, sie strahlen auf die Umgebung aus und beeinflussen das umliegende Gebiet. Der Prozess des Umbruchs ist hier zuerst zu beobachten. So haben wir bei unserer Planung 61 Gemeinden ausgewählt. Sie verteilen sich etwa gleichmäßig auf das gesamte Bundesland Hessen. Die Belegorte sind nach dem Beispiel des WSAH, S. 25, ausgewählt worden. Wir haben jedoch nicht die Einwohner aus den Kernstädten selbst befragt, die Gewährsleute kamen vielmehr aus der eingemeindeten, ursprünglich rein dörflichen Umgebung, z. B. nicht aus Biedenkopf, sondern aus Dexbach und Breidenstein, nicht aus Gladenbach, sondern aus Weidenhausen und Rüchenbach usw.

Wichtig für uns war nun auch das sog. „Untersuchungsinstrument". Dazu zählt zunächst die **Fragebogenerhebung**. Wie für die große Forschungsdokumentation „Wortgeographie der städtischen Alltagssprache in Hessen" (WSAH), deren ersten Band wir schon 1988 vorlegen konnten, galt auch für die vorliegende Arbeit: „Die Notwendigkeit, an allen Erhebungsdaten von allen Informanten vergleichbares Datenmaterial zu erhalten, legte die Verwendung eines standardisierten Fragebogens nahe." (WSAH, S. 10). Die Sammlung zu der vorliegenden Arbeit erfolgte in Form eines Interviews. Der Fragebogen enthielt einen linguistischen Teil, dessen Ergebnisse im Buch „Die Mundarten in Hessen – Regionalkultur im Umbruch des 20. Jahrhunderts" vorgelegt werden. Er enthielt aber auch Fragen zu den anderen Gebieten der dörflichen Lebenswelt, etwa: Wie sind die Kartoffeln einst bei Ihnen geerntet worden, wie werden sie heute eingebracht? Kennen Sie Namen für die Bräuche, mit denen man diese Arbeit benannt hat oder benennt? Die Auswertung dieses Fragenkomplexes war entscheidend für das hier vorliegende Buch.

Eine weitere Untersuchungsmethode, die wir schon in den Arbeitsgesprächen während der Planungsphase als besonders wichtig ansahen, war die aus der empirischen Sozialforschung bekannte **teilnehmende Beobachtung**. Bei diesem methodischen Verfahren sollten die Gewährsleute im freien Gespräch über eine besonders wichtige Erscheinung der dörflichen Lebenswelt berichten, dann mussten die Ergebnisse nach den Gesprächen von uns schriftlich festgehalten werden. Wir haben unsere Informanten und Informantinnen z. B. mit Hilfe vorgelegter Abbildungen zu bestimmten Themen aus ihren reichen Erfahrungen und von den Gesprächen ihrer Eltern und Großeltern, an die sie sich noch genau erinnerten, berichten lassen: etwa über das Dreschen mit Hilfe des Göbels, über das Einfahren der Getreideernte mit eisenbereiften Leiterwagen, über das Berufsbild des Müllers u. v. a. Dabei erzählten zahlreiche Teilnehmer sehr engagiert und kompetent über die Entwicklung des Dreschens vom Flegeldrusch über das Arbeiten mit der Dreschmaschine, wobei die verschiedenen Arbeitsmaschinen und -kräfte ausführlich erklärt wurden (Göbel, Lokomobile, Bulldog, elektrische Energie). An solche Entwicklungen bis hin zum modernen Mähdrescher, von dem im Detail berichtet wurde, konnten sich viele Alte noch erinnern.

Besonders bedeutsam für unsere Arbeit war die Auswahl der **Informanten**. Auch in diesem Zusammenhang gilt, was wir beim WSAH gesagt haben (S. 8): „Trotz der unbestreitbar gestiegenen Mobilität in unserer Gesellschaft erweist sich die Mehrzahl der Menschen als relativ stark orts- bzw. regionengebunden. Nur ein verhältnismäßig kleiner Teil [...] verlässt im Laufe seines Lebens den weiteren Bereich seiner Sozialisation." Wir haben bei der Auswahl der Informanten Wert darauf gelegt, dass sie möglichst im Untersuchungsort oder seiner Umgebung aufgewachsen sind und zu allen Altersgruppen gehörten, vor allem die Alten – die 60-Jährigen und noch Älteren – spielten für unser Forschungsziel, nämlich den Umbruch im 20. Jahrhundert darzustellen, eine große Rolle.

Relevante Erkenntnisse, so konnten wir schon in der Planungsphase vermuten, waren auch durch den Besuch von Heimatmuseen zu gewinnen. Das stellte sich als richtig heraus. Wir haben 20 Museen ausgesucht und ihr Material eingehend studiert.

Nachdem der Plan zur Durchführung der Untersuchung erarbeitet war, haben wir nach den beschriebenen Methoden mit der Sammlung des Materials begonnen, d. h. mit der Gewinnung der Daten aus den erwähnten 61 Gemeinden. Landschaftliche Unterschiede, die wir zwischen den fünf großen Sprach- und Kulturräumen des Hessischen darstellen konnten, sind dabei natürlich, soweit es möglich war, beachtet worden.

Die Auswertung des gesammelten Materials hat uns leider länger in Anspruch genommen, als ursprünglich geplant war. Das hängt nicht zuletzt mit der großen Materialmenge zusammen, die wir gewonnen haben. Wir haben diese zeitraubende Tätigkeit einer umfangreichen Sammlung und der anschließenden sorgfältigen Interpretation jedoch gerne auf uns genommen, weil wir erwarten konnten, dass wir nur auf diese Weise eine überzeugende Publikation erarbeiten würden.

Wenn ich sie nun der Öffentlichkeit vorlege, dann hoffe ich, dass es uns gelungen ist, wichtige Erscheinungen der Regionalkultur im Umbruch des 20. Jahrhunderts darzustellen.

Das Material zu diesem Buch habe ich zusammen mit drei jungen Wissenschaftlern(innen) in den fünf Sprach- und Kulturregionen Hessens gesammelt. Die beiden männlichen Mitarbeiter waren Arno Jakobsen und Elmar Grüneich. Sie haben mit großem Einsatz und viel Freude mitgearbeitet und wertvolles Material eingebracht. Große Verdienste hat sich meine

Tochter Rita Friebertshäuser erworben, sie war das einzige weibliche Mitglied eines hoch motivierten wissenschaftlichen Teams. Sie hat u. a. die Belege über die unterschiedlichen Rechtsbräuche bearbeitet: dazu zählen relevante Aussagen über die Erbsittengebiete (Freiteilbarkeit, Anerbenrecht), über typische Rechtsfälle bei der Zusammenlegung, über Rechtssprichwörter, über viele weitere Erscheinungen des Rechtslebens in Hessen in Vergangenheit und Gegenwart u. v. m.

Danken möchte ich den erwähnten drei jungen Helfern (Helferin), ohne deren nie ermüdende Geduld und große Sachkompetenz und ohne deren Fähigkeit, mit Gewährsleuten ins Gespräch und zu erstaunlichen Ergebnissen zu kommen, die vorliegende Publikation nicht hätte entstehen können.

Danken möchte ich allen Frauen und Männern, die sich als Gewährsleute zur Verfügung gestellt und die mit erfreulicher Hilfsbereitschaft und bewundernswerter Kenntnis der heimischen Region unsere Fragen beantwortet haben.

Dank sagen möchte ich auch dem Genossenschaftsverband Hessen/Rheinland-Pfalz/Thüringen e.V. und der Marburger Bank, die das Zustandekommen der Arbeit durch eine großzügige finanzielle Hilfe ermöglicht haben.

Dann danke ich dem Hessischen Ministerpräsidenten, ohne dessen bedeutende finanzielle und ideelle Unterstützung die vorliegende Darstellung zur Regionalkultur unseres Bundeslandes nicht hätte geschrieben werden können.

In der letzten Phase der Arbeit – leider musste ich wegen längerer Krankheit einige Zeit pausieren – habe ich noch Unterstützung gefunden. Danken möchte ich dafür:

- dem Oberbürgermeister von Marburg
- dem Landrat des Landkreises Marburg-Biedenkopf
- dem Hessischen Landkreistag mit den Kreisen: Kreis Groß-Gerau, Odenwaldkreis, Lahn-Dill-Kreis, Landkreis Bergstraße, Landkreis Darmstadt-Dieburg, Landkreis Gießen, Landkreis Kassel, Landkreis Limburg-Weilburg, Landkreis Offenbach, Main-Kinzig-Kreis, Schwalm-Eder-Kreis, Stadt Darmstadt, Vogelsbergkreis, Werra-Meißner-Kreis
- der Bürgerstiftung im Landkreis Hersfeld-Rotenburg
- dem Städte- und Gemeindebund
- der Handwerkskammer Kassel
- dem Hessischen Bauernverband
- der Land- und Forstwirtschaftlichen Berufsgenossenschaft Hessen
- der Hessischen Landgesellschaft mbH
- dem Landwirtschaftsverlag Hessen GmbH

- der Katholischen Kirche in Limburg
- der Evangelischen Kirche von Kurhessen-Waldeck
- der Evangelischen Kirche in Hessen und Nassau
- den Oberhessischen Versorgungsbetrieben Aktiengesellschaft (OVAG)
- der Energie-Aktiengesellschaft Mitteldeutschland (EAM)
- der Sparkassenversicherung Hessen-Nassau-Thüringen

Ihnen allen gilt mein Dank.

I. Landleben im Wandel

1. Allgemeines

Das Sprichwort *Hat der Bauer Geld, dann hat's die ganze Welt* war vor einigen Jahrzehnten in ganz Hessen bekannt. Es vermittelt einen wichtigen Eindruck von der ländlichen Lebens- und Arbeitswelt der Vergangenheit, auf die ich im Band über die Mundarten mit einer Reihe von Beispielen schon hingewiesen habe. Noch in den 1920er und 1930er Jahren, ja teilweise noch in der Mitte des 20. Jh. gehörte der selbstständige Bauer, der Erwerbslandwirt, zur sozialen Oberschicht, zum Kreis der führenden Persönlichkeiten in vielen Dörfern.

Aus einem besonderen Grund konnte sich die hohe soziale Stellung des selbstständigen Bauern in manchen Orten so lange halten: In diesen Dörfern gab es nicht den Rechtsbrauch der **Realteilung,** der Aufteilung des Hofes nach dem Tod des Hofbesitzers. Im Gegenteil: es existierte ein ganz anderes Erbrecht, das so genannte **Anerbenrecht**. Die geschlossene Hofübergabe war hier die Regel. Der Besitz wurde nur an ein Kind, meist den ältesten Sohn, übergeben. Die lebensfähigen Betriebe wurden vom Hoferben vollständig übernommen, sie blieben somit erhalten. Das Anerbenrecht existierte in Hessen vor allem im Norden.

Für einen großen Teil Hessens galt und gilt aber nach dem Tod des Hofherren die so genannte **Realteilung**. Bei dieser Rechtsform wird im Erbfall der Besitz gleichmäßig an alle Kinder aufgeteilt. Die Realteilung verkleinerte die Betriebe bei jeder Erbfolge und zerstückelte auch das Parzellengefüge. Die Besitzer konnten vom Ertrag der Höfe meist nicht mehr leben und waren oder wurden „Nebenerwerbslandwirte".

Die Nebenerwerbslandwirte und Kleinbauern hatten eine schwere berufliche Doppelbelastung: die Tätigkeit im Betrieb und die schwere Arbeit zu Hause in der kleinen Landwirtschaft. Meist konnten sie sich keine Maschinen leisten. Deren Einsatz hätte sich in ihren kleinen Betrieben ökonomisch kaum gelohnt.

Noch in den 50er Jahren des 20. Jahrhunderts hat es berufliche Unzufriedenheit bei den Angehörigen beider Gruppen, wie man meinen könnte, nicht oder kaum gegeben: weder bei den Nebenerwerbslandwirten noch bei den Kleinbauern. Wenn die körperlichen Anstrengungen auch sehr groß waren – das berichten viele unserer Informanten immer wieder –, so galten doch der kleine Landbesitz und die Möglichkeit, die eigene Familie wenigstens teilweise landwirtschaftlich zu versorgen, als wichtige Faktoren der wirtschaftlichen Sicherheit. Viele Menschen empfanden das, was der bekannte Soziologe Wurzbacher 1960 formuliert hat, als „richtig, als allgemein anerkannte Wahrheit": „Die Erfahrungen der wirtschaftlichen Krisenzeiten, die seit Beginn des ersten Weltkriegs dicht aufeinander folgten, haben die Wertschätzung des Landbesitzes nur noch gesteigert. Der Haus- und Landbesitz ist in seiner Bedeutung für die Erfüllung wesentlicher sozialer Bedürfnisse des einzelnen gegenüber dem Beruf noch sehr gewichtig, wenn nicht sogar vorrangig." – Das alles hat sich bis in die Gegenwart gründlich geändert.

Aber noch Jahre nach dem Krieg 1939–1945 wurde vor allem der Vollerwerbslandwirt, der selbstständige Bauer, wegen seines hohen materiellen Lebensstandards, seiner wirtschaftlichen Sicherheit und seiner beruflichen und sozialen Unabhängigkeit in unseren Dörfern sehr geschätzt. Dies galt, wenn auch sehr abgeschwächt, auch für die Kleinbauern und für die Nebenerwerbslandwirte. (Vgl. dazu unsere Ausführungen über die bäuerlichen Berufe).

Im Übrigen will ich in diesem Abschnitt auf eine genaue Analyse der Gruppierungen und Schichtungen in unserer ländlichen Gesellschaft im Wandel der Jahrhunderte verzichten: etwa der zwischen Arm und Reich, zwischen denen, die Macht hatten und ausübten, und denen, die ohne Macht und Einfluss waren u. v. a. Ich habe mich an anderer Stelle dazu geäußert. (Vgl. das Literaturverzeichnis).

Hatte der selbstständige Bauer nun in günstigen Zeiten eine reiche Jahresernte eingefahren, ging es ihm wirtschaftlich also besonders gut, dann profitierten viele Menschen davon, *dann besaß die ganze Welt des Dorfes Geld*, dann galt also das alte, bekannte Sprichwort. Beinahe alle hatten in solchen guten Jahren ihr Auskommen. Es gab dann kaum bittere soziale Not bei den Menschen. Nicht nur die Familienmitglieder und das Gesinde des großen, selbstständigen Bauern, sondern auch seine Tagelöhner besaßen genug, um zu überleben. Die kleinen Leute (*kleene Leu* oder auch *geringe Leu*) hatten als sehr wenig verdienende Arbeiter, meist ohne eigenen Landbesitz, zwar noch einen Hauptberuf, waren wirtschaftlich und sozial aber doch vom Bauern abhängig, denn er entlohnte sie für ihre Hilfsdienste mit den dringend benötigten Lebensmitteln, z. B. mit Kartoffeln, Getreide u. a. Sie waren auf diese Unterstützung bei ihren meist großen, kinderreichen Familien dringend angewiesen. Der im Allgemeinen sehr kärgliche Verdienst aus ihrem Hauptberuf genügte meist nicht, um zu überleben oder sich satt essen zu können. Auch die vielen Handwerker wie Schmied, Wagner, Sattler, Schreiner und Zimmermann hatten ihr Auskommen, wenn es dem Bauern gut ging.

In jüngster Zeit haben sich diese Verhältnisse grundlegend geändert. Der Bauer konnte seine wirtschaftliche und seine soziale Sonderstellung nicht halten, die alten Abhängigkeitsverhältnisse der *geringen Leute* vom Erwerbslandwirt, dem *Pferdebauern*, sind nicht mehr vorhanden.

Im Zuge dieser Entwicklung haben sich im Laufe des zwanzigsten Jahrhunderts nicht nur die dörfliche, sondern auch die städtische Gesellschaft und das gesamte Leben auf dem Lande und in der Stadt in kaum vorstellbarer Geschwindigkeit verändert. Man hat diese Entwicklung zu

Recht als Wandel von der Agrar- hin zur Industrie- und Dienstleistungs- und schließlich zur Informations-, zur Wissens- und Digitalgesellschaft bezeichnet.

Die Erzählung meines Vaters, der 1896 in Gladenbach-Runzhausen geboren wurde und dort aufgewachsen ist, mag diese Situation, die Anfänge der Entwicklung auf dem Land, an einem kennzeichnenden Beispiel veranschaulichen. Ich habe schon einige Male darauf verwiesen. Mein Vater erzählte noch in den 1950er Jahren:

Ich werde ein Ereignis aus meiner frühen Kindheit nicht vergessen. Wir spielten, etwa sechs kleine Kinder, vor unserem Elternhaus. Da kam ein alter Nachbar äußerst erregt auf unseren Vater zugerannt. Der Mann war ein großer Bauer. Daher war er im Dorf berwarsch ästimiert ‚sehr angesehen'. *Er rief dem Vater beinahe atemlos zu: „Aisch huu ewwe e Kutsch of em Schbreed* (Name der Durchgangsstraße) *gesieh. Däi läif ganz uhne Gespann, uhne Gäul. Was es dos nur fier e Deuwelszeuch!"* ‚Ich habe eben eine Kutsche [...] gesehen. Die lief ganz ohne Gespann, ohne Pferde. Was ist das nur für ein Teufelszeug!'

Man erfuhr in vielen Teilen Hessens kurz nach der Wende vom 19. zum 20. Jh. also ganz praktisch von den technischen Neuerungen, hier dem ersten Auto, die Menschen erlebten den Beginn einer ungeheuren Umwälzung, in deren Verlauf in geradezu atemberaubender Schnelligkeit die gesamte ländliche Arbeits- und Lebenswelt radikal umgewandelt wurde. Am vorläufigen Ende dieser Entwicklung stehen unter anderem computergesteuerte Maschinen wie der moderne Mähdrescher. Solche Maschinen haben in der Landwirtschaft, um bei dem Beispiel der agrarischen Lebenswelt zu bleiben, viele manuelle Tätigkeiten der Menschen übernommen.

In einer Reihe wissenschaftlicher Publikationen und auch politischer Analysen der jüngsten Zeit ist der Wandel des Dorflebens angesprochen worden. Dieser Wandel betraf Land und Stadt. So heißt es 1987 in einer Broschüre des Bundesministers für Raumordnung, Bauwesen und Städtebau:

„Zu Beginn der Industrialisierung und noch am Ende des letzten (hier: des 19.) Jahrhunderts lebten 80 % der deutschen Bevölkerung im ländlichen Raum und arbeiteten überwiegend in der Landwirtschaft. Die wenigen Städte waren bescheidene Klein- und Mittelstädte. Die Bewegungsmöglichkeiten zu Fuß oder zu Pferd waren gering. Die Menschen lebten weitgehend abgeschlossen und in den sozialen Bindungen ihrer engeren Heimat.

Das Land besaß damals ein hohes Gewicht in Politik und Volkswirtschaft. Der land- und forstwirtschaftliche Ertrag bestimmte entscheidend den Wohlstand einer Region. Der Besitz von Land galt als Inbegriff von Reichtum und Macht. Menschen, die in ihrer Heimat kein Auskommen fanden, gingen auf Wanderung, oft in andere Länder oder Erdteile, immer auf der Suche nach Land.

Mit der Industrialisierung wurden die Gewichte völlig neu verteilt. Nicht mehr die Fruchtbarkeit des Bodens, sondern Rohstoffvorkommen und

Transportwege wurden zu entscheidenden Standortbedingungen der Volkswirtschaft.

Während die Arbeit in der Landwirtschaft naturgemäß über das Land verteilt ist, verlangt die Industrie nach der Konzentration der Arbeitsplätze.

Und Ströme von Menschen zogen in wenigen Jahrzehnten vom Land in die Städte. Es waren dies auch Jahrzehnte eines enormen Bevölkerungswachstums. In dieser Zeit entstanden die industriellen Ballungsgebiete."

Im Zuge dieser Entwicklung hat sich auch die Arbeit in der Landwirtschaft entscheidend verändert, wir wiesen bereits darauf hin. Mit diesem Wandel des ländlich-bäuerlichen Arbeitslebens, aber auch mit einigen anderen Erscheinungen der Regionalkultur wollen wir uns in einer Reihe von ausgewählten Beispielen beschäftigen. Manches habe ich schon gesagt. Das greife ich hier z. T. noch einmal auf: denn einige meiner bisher publizierten Aussagen sind, wie schon erwähnt, kaum noch zugänglich, das betreffende Bändchen, in dem der Umbruch thematisiert wird, ist vergriffen. Zum Verständnis der Gesamtsituation, d. h. des Arbeitslebens im ländlichen Raum, sind diese Ausführungen bedeutsam und charakteristisch. Ich will sie im vorliegenden Buch durch eine Menge an zusätzlichem Material ergänzen.

Das Arbeiten im Haus, im Stall und vor allem das auf dem Feld – kurz, die landwirtschaftliche Tätigkeit – prägte einst wesentlich das Leben beinahe aller Menschen in unseren Dörfern und auch das einer größeren Zahl von Menschen in den Städten, und zwar im Tages- und im Jahreslauf. Von März an, wenn der Bauer „die Rösslein einspannte", bis in den späten Herbst hinein waren die allermeisten Frauen, Männer und auch Kinder mit der Aussaat, mit Pflegearbeiten auf dem Acker oder auf der Wiese und mit der Ernte beschäftigt: ob das nun die Erwerbslandwirte mit ihren Familien, ihrem Gesinde und mit den nur zeitweise bei ihnen beschäftigten Tagelöhnern oder ob das die vielen Kleinbauern oder Nebenerwerbslandwirte waren. Nur ganz wenige Menschen in den Dörfern und Kleinstädten waren nicht in dieses bäuerliche Arbeitsleben eingebunden. Selbst Pfarrer, Lehrer, ja manchmal auch die Ärzte hatten Landbesitz oder bewirtschafteten gemeindeeigene Bauerngüter, die Teil ihrer Entlohnung waren. So berichtete einer unserer Informanten:

Pfarrer Alexander Trautwein bewirtschaftete zuerst mit Kühen, später mit kleinen Pferden das Pfarrland selbst, insgesamt 18,5 Hektar oder 73 Morgen. Das entspricht in unserer Gegend einem mittleren Bauernhof. Mit Pfarrer Waas konnte er sich jedoch nicht messen. Der musste sich zwei schwere Pferde halten, denn zu seiner Pfarrei gehörten 35 Hektar, das sind 140 Morgen Land.

Und ein anderer Informant, 1890 geboren, erzählte:

Ich war in meiner Kindheit Schüler einer zweiklassigen Dorfschule. Wenn die Kartoffeln gesetzt wurden, halfen wir Jungen und Mädchen dem Lehrer bei der Arbeit auf seinem Feld. Normalen Unterricht gab es dann nicht. Die kräftigsten

Jungen fuhren den Mist auf den Acker, hatten ihn dort zu zetten (verteilen)*, andere steckten die Kartoffeln in die Erde u. v. a. Zu den Hauptarbeitszeiten halfen die Kinder dem Lehrer dann weiter im Laufe des Jahres bei den verschiedenen Feldarbeiten auf seinem kleinen Gütchen. Das hatte er von der Gemeinde als Teil seines Verdienstes bekommen; natürlich galt das nur, solange er sein Amt ausübte. Kinder als Helfer des Lehrers bei der Heu- und der Getreide-, bei der Kartoffelernte, bei dem Unkrautstechen u. v. a. waren in meiner Kindheit selbstverständlich. Kaum jemand dachte sich in unserem kleinen Dorf etwas dabei, fast jeder hielt es für normal. Die Alten von damals hatten es in ihrer Kindheit ja auch schon erlebt.*

Das alles hat sich sehr bald nach dem Ersten Weltkrieg und vor allem seit den vierziger und fünfziger Jahren des 20. Jh. dramatisch geändert. Vor allem ist die Zahl der Frauen und Männer, die noch Landwirtschaft betreiben, ganz klein geworden. Nur etwa rund 5 % der Menschen im ländlichen Raum sind heute überhaupt noch in der Landwirtschaft beschäftigt. Dass eine so kleine Zahl von Bauern die anfallenden Arbeiten überhaupt erledigen kann, ist nur durch die rasante technische Entwicklung möglich geworden, durch die vielen neuen Arbeitsgeräte, die das Arbeiten in Haus und Stall und auf dem Feld revolutioniert haben.

Ich will in den folgenden Abschnitten die wichtigsten Formen des bäuerlichen Arbeitens im Wandel des 20. Jahrhunderts darstellen.

Zunächst beschäftige ich mich mit dem Anbau und der Ernte der Kartoffel. War dieses Knollengewächs zunächst längere Zeit, wie ich nachweisen werde, gerade in unserem Bundesland eine pflanzliche Kuriosität, so erlangte es im Laufe der Jahrhunderte eine immer größere Bedeutung für die Menschen. Vor allem, so erkannte man allmählich, lieferte es auf gleicher Fläche doppelt so viel an Stärkewerten, wie es bei den Hauptgetreidesorten der Fall war, z.T. noch mehr. Das war bei der rasch wachsenden Bevölkerung ein großer Vorteil.

2. Die Kulturpflanze Kartoffel

Die Kartoffel (Solanum tuberosum) ist eines der wichtigsten Grundnahrungsmittel in Deutschland geworden. Ihr Anteil an der landwirtschaftlichen Produktion wurde immer größer. Während 1800 der Einzelne in Deutschland pro Jahr 50 kg Kartoffeln benötigte, stieg die Zahl bis 1900 auf 200 kg, während der Brotverbrauch zur gleichen Zeit von 300 kg auf 200 kg zurückging.

Viele Autoren haben sich in der Vergangenheit immer wieder mit der Herkunft der Kartoffel beschäftigt. Zu ihnen gehört Bernhard MARTIN, der Marburger Germanist. In einem großen Alterswerk hat er wichtige Erkenntnisse über die Geschichte, die zahlreichen mundartlichen Bezeichnungen der Kartoffel und auch über die Gründe für die Benennungen – Bezeichnungsmotivik sagen die Wissenschaftler – gewonnen.

Man stimmt nach seinen Forschungen heute darin überein, dass die ersten Pflanzkartoffeln aus Kolumbien stammten. PIZARRO, der Eroberer Perus, hat sie wahrscheinlich schon 1526 kennen gelernt, und der Spanier CASTELLOS hat sie 1537 beschrieben: *Sie haben mehlige Wurzeln, sind von gutem Geschmack, ein für die Indianer angenehmes Gut und ein köstliches Gericht sogar für die Spanier.* (Martin, S. 4 f.). Aufschlussreich ist auch die Charakterisierung durch PEDRO DE CIEZA DE LEON, der 1534 bis 1550 die Lebensverhältnisse im Inkareich genau beobachtet hat. *Er berichtete von einer Art Erdnüsse, die durch Kochen weich werden wie eine Kastanie und eine Haut wie Trüffeln haben. Er fand sie 1538 [...] im heutigen Kolumbien, auf dem Hochplateau von Callao im heutigen Peru und in Quito in Ecuador in weit ausgedehnten Kulturen und überlieferte auch den einheimischen Namen, nämlich Papas.* (Martin S. 5).

Von Kolumbien aus ist die Kartoffel auf verschiedenen Wegen nach Deutschland gekommen: auf dem über Italien und dem über England.

Im westlichen Westmitteldeutschland, vor allem dem Nassauer Land, ist – um nur ein Beispiel anzuführen – die neue Knollenfrucht aus England gekommen. Zahlreiche Autoren haben sich in der Vergangenheit mit ihrer Einführung beschäftigt. So heißt es in einer Abhandlung aus dem Jahr 1937:

„Wenn die Kartoffel urkundlich schon 1621 für Nassau nachgewiesen werden kann, als Anbaufrucht tritt sie erst im Jahre 1730 im Land auf. Es war der Professor für Arzneikunde an der hohen Schule in Herborn, Johannes Matthäus, dem wir die erste Pflanze verdanken. Dieser gelehrte Herr erhielt 1621 die Pflanze aus England und betrachtete sie als Zierpflanze, weil sie seiner Meinung nach so hübsche Blüten trieb. In einem großen Blumentopf aus Westerwälder Steingut stellte er die Pflanze vor das Fenster seines Studierzimmers, und mancher Student und Herborner Bürger blieb stehen und bewunderte die neuartige Topfpflanze. Seinen Studenten zeigte der Professor sehr oft die Pflanze und machte sie auf die merkwürdigen Knollen aufmerksam. Als sich um 1630 die Tochter des Professors mit einem Herborner Bürgersohn vermählte, bat sie sich vom Vater eine Blüte der Kartoffelpflanze für den Myrthenstrauß aus. Es wird von einem Hochzeitsteilnehmer berichtet, dass die Kartoffelblüte von der Braut nicht nur als Kopfschmuck, sondern auch an der Brust getragen wurde.

Langsam bürgerte sich die Kartoffel in den folgenden Jahren als Nutzgewächs im Lande ein. Vorerst kam die Knolle nur ganz vereinzelt und dann als erlesene Delikatesse auf den Tisch der adeligen Höfe, der Bürger und nassauischen Fürsten. Dann gelangte sie – wieder im Abstand von vielen Jahren – in die vornehmen Bürgerkreise. Dann kam vor 200 Jahren der Umschwung in der Wertung dieser fremden Frucht als Nahrungsmittel.

Die Kartoffel wurde zum ersten Mal feldmäßig 1730 angebaut, zuerst südlich der Lahn. Vom Jahre 1740 ab hören wir auch von dem Anbau im Westerwald, zunächst in geschützten Gärten. Man genoss sie aber auch erst mit aller gebotenen Vorsicht als Delikatesse, als eine Art Sonntagsgericht.

Langsam setzte sich der Anbau durch, planmäßig von weit blickenden Männern unterstützt. Aber erst nach den Hungerjahren 1771 und 1772, als man den ungeheuren Wert der Kartoffel als Volksnahrungsmittel erkannt hatte, erfolgte ihr Anbau und ihr Verbrauch so massenhaft, dass diese nach und nach sogar Fleisch, Brot und Gemüse vom Tisch des Armen verdrängte bzw. ersetzte. Auf dem hohen Westerwald lebten arme Gemeinden in kornarmen Jahren fast ausschließlich von Kartoffeln, nämlich ‚morgens rund, mittags gestampft, abends in Scheiben', um ein Volkswort aus dem Rheingau anzuwenden.

Die Kartoffelknollen erreichten ehedem nicht die stattliche Größe wie heute. Es bedurfte erst vieler Jahre und außerordentlich sorgfältiger Kultivierung, ehe aus den unansehnlichen und oft schorfigen Früchten, deren winterliche Aufbewahrung viele Schwierigkeiten bereitete, die hochgezüchteten Arten der Gegenwart heranreifen konnten.

Heute aber ist der Kartoffelanbau in ganz Nassau der landwirtschaftliche Zweig, der mit besonderer Liebe und Sorgfalt betrieben wird, weil von dem Ausfall einer guten Kartoffelernte Wohl und Wehe der Heimat abhängig ist. – Seit der Einführung der Kartoffel für den Feldbau vor zweihundert Jahren sind neue Nahrungsmittel, die den breitesten Kreisen dienen, nicht mehr in das Land gekommen. Dem gelehrten Medizinalprofessor Matthäus aber sei es zum Jubiläum der Kartoffeln in Nassau noch gern gedankt, dass er ‚aus Liebe zur Botanik' uns mit dieser Pflanze bekanntgemacht hat." (Nassauischer Allgemeiner Landeskalender auf das Jahr 1931, S. 67f.)

Es hat im Ganzen bis weit ins 19. Jahrhundert hinein gedauert, bis die Widerstände, die sich überall in Deutschland gegen den feldmäßigen Anbau der Kartoffel bildeten, abgebaut waren. Auch die Bauern selbst gehörten zu den Gegnern. Sie wollten in ihrem Beharrungsvermögen, ihrem konservativen Sinn, die altererbte Dreifelderwirtschaft nicht aufgeben, nämlich den regelmäßigen Anbau nach Winterfeld, Sommerfeld und Brache.

Bei diesem Anbau säte und erntete man im ersten Jahr das Wintergetreide, vor allem den Roggen. Aber auch Gerste, Weizen, Dinkel und Raps gehörten dazu. Im Herbst nach der Ernte pflügten die Bauern die Felder um, ließen sie dann den Winter über liegen und bestellten sie im nächsten Frühjahr mit Sommergetreide: besonders mit Hafer, daneben auch mit Hirse, Buchweizen, Sommergerste, Flachs, Hanf und für den Eigengebrauch mit Hülsenfrüchten. Im nächsten, dem dritten Jahr, blieben die Äcker unbestellt liegen, und vom beginnenden Sommer an trieb man das Vieh auf die Felder. Kühe, Schafe, Ziegen, Schweine und manche anderen Haustiere fraßen die aufkommenden Gräser und düngten gleichzeitig das

Feld. Zum Herbst dieses dritten Jahres pflügte man das auf diese Weise gut gedüngte Land, das sich nach weit verbreiteter Ansicht erholt hatte und für eine Neuaussaat vorbereitet war, und bestellte es mit Wintergetreide. Nach den festen Regeln der Dreifelderwirtschaft begann der Dreijahresrhythmus erneut. Die Bauern waren einst fest davon überzeugt, dass dieser Turnus, der jahrhundertealte dreijährige Wechsel, den besten Ernteerfolg garantiere. Es ist verständlich, dass viele von ihnen voller Skepsis gegen die neue Knollenfrucht, die Kartoffel, waren und sich weigerten, sie anzubauen.

Erst nachdem man feststellte, dass der Kartoffelanbau die für das Getreide notwendigen Nährstoffe im Boden nicht nennenswert angriff, und erst nachdem Liebig u. a. die chemische Düngung entdeckt hatten, kam es zur neuen, intensiven Bodennutzung: Der Großanbau der Kartoffel war endgültig erreicht. Allerdings musste teilweise bis weit ins 19. Jahrhundert hinein z. T. doch noch behördlicher Zwang angewandt werden, damit das Neue sich durchsetzte. Bekannt ist z. B. das kluge, weitsichtige Verhalten Friedrichs des Großen, der den Großanbau der Kartoffel gegen vielfachen Widerstand anordnete und die Durchführung im Oderbruch persönlich überwachte. Und endgültig hat erst „die moderne landwirtschaftliche Wissenschaft mit ihren vorbildlichen Untersuchungen und Anweisungen zur Saatzucht, zur Pflege der Kartoffelfelder, zur Beseitigung der Schädlinge und zur Bekämpfung der vielen Kartoffelkrankheiten [...] die volle Ausräumung aller Vorurteile und Widerstände erreichen können." (Martin, S. 25).

Man kann heute nicht nur den Kartoffelkäfer, sondern auch die verschiedenen Pilzkrankheiten, z. B. die Braun-, die Weiß-, die Hart-, die Nass- und die Ringfäule, mit Erfolg bekämpfen, auch mit dem so genannten Kartoffelkrebs wird man recht gut fertig.

Seltsam berührt es im Rückblick, dass die Kartoffel nicht in ihrem Herkunftsraum Amerika eine beherrschende Stellung bewahrt oder erreicht hat, sondern dass sie sich im Großteil Europas zum herrschenden Volksnahrungsmittel entwickelt hat.

Lange Zeit hat die Kartoffel besonders in Deutschland diese Stellung bewahren können. Mitte der dreißiger Jahre des 20. Jahrhunderts stand der Kartoffelanbau in Deutschland gleich hinter dem Roggenanbau an zweiter Stelle unter allen Ackerfrüchten. In den letzten Jahren jedoch ist ihr Anbau zurückgegangen. Das hängt u. a. mit der Änderung der Futtergewohnheiten beim Vieh zusammen. Während früher der Anteil der Kartoffeln bei der Fütterung der Tiere, besonders der Schweine, sehr groß war, ist er heute zugunsten von Silage, von Silomais, Gras, Sojamehl und Schrot stark zurückgegangen. Diese moderne Tierfütterung hat in unseren Tagen entscheidend dazu beigetragen, dass nicht nur der Anbau der Kartoffel, sondern auch der von Hafer, Gerste, Runkelrüben u. a. reduziert worden ist.

Und ein zweiter Grund ist anzuführen: Auch unsere heutigen Ernährungsgewohnheiten – bei Männern, Frauen und Kindern, bei Angehörigen aller sozialen Schichten – haben die Stellung der Kartoffel als wichtigstes Volksnahrungsmittel zurückgedrängt. Nudeln aller Art (italienisch *Pasta*), Reis und viele, früher kaum gekannte Gemüsesorten drängen Kartoffelgerichte, verdrängen die Kartoffel oft von den Speiseplänen. So sind die Ernteerträge von Gemüse stark auf Kosten der Kartoffel gestiegen. Und wer in unseren Tagen mit offenen Augen die hessischen Felder durchwandert, dem fallen im Frühjahr die ausgedehnten, gelb blühenden Rapskulturen auf. Auch Sonnenblumen werden wieder angebaut. All dies hat zur Reduzierung der Kartoffelanbaufläche geführt. Trotz der kleiner gewordenen Anbaufläche in unseren Tagen ist die Bedeutung der Kartoffel als Volksnahrungsmittel – im Großen und Ganzen – jedoch geblieben. So verwenden wir die Knollenfrucht auch heute noch in unserem Speiseplan in vielen Variationen. Teilweise hat sich die Zubereitung verändert, man denke z. B. an die beliebten Pommes frites. Insgesamt ist die Kartoffel auch in unseren Tagen nicht mehr von den Esstischen wegzudenken, die Kartoffel bereichert unsere Esskultur auch in der Gegenwart noch ganz wesentlich. Ohne sie sähen unsere Essgewohnheiten anders aus, als wir sie heute kennen. Was fortschrittliche Menschen schon vor rund 200 Jahren erkannt haben, gilt zum großen Teil auch heute noch: Man kann die Kartoffel „kochen, schälen, mit Salz, zerlassener Butter, in der Fleischbrühe gekocht, mit einer Soße übergossen, in Butter geröstet, als die besten Biskuit- und Mandeltorten zubereitet und noch auf mancherlei andere Arten verspeisen, auch zu Branntwein, zu Puder, sogar zu Brot allein und mit Gerstenmehl vermischt verbrauchen." Die Möglichkeiten unserer heutigen Köche und Köchinnen, die Kartoffel mit anderen Nahrungsmitteln zu ergänzen und in schmackhaften Gerichten anzubieten, sind unbegrenzt.

Weil die Knollenfrucht eine so große Bedeutung im Volksleben hatte und trotz der Reduzierung der Anbaufläche noch hat, ist im deutschen Sprachgebiet eine große Zahl an Namen entstanden, mit denen man diese für uns doch erst junge „Frucht" bezeichnet hat (große Heteronymik!).

a) Mundartliche Benennungen

Im Laufe der Jahrhunderte – von der Ablehnung, der Skepsis, dem Widerstand gegen die Einführung bis zum bereitwilligen Anbau – sind viele Namen gebildet worden, mit denen das Neue, die geheimnisvolle Erdfrucht, bezeichnet worden ist. B. Martin hat sie zusammengefasst, ich führe nur wenige an: *Tartuffel, Tartüffel, Batata, Artischocke, Erdkastanie, Erdapfel, Erdtuffel, Bodenapfel, Feldapfel, Grundbirne, Erdbirne, Erdknolle, Erdrübe, Bodenbirne, Erdnudel, Knolle, Erdbohne, Erdnuss, Erdrübe, Erdling, Gummer* und dann *Kartoffel* selbst, eine Benennung, die heute die mundartlichen Formen immer mehr zurückdrängt. *Kartoffel* ist in dieser Lautform zum ersten

Mal 1742 belegt. Der Name ist aus italienisch *Taratopholi* entstanden. Die Knolle ist wegen der Ähnlichkeit mit der Trüffel so benannt worden. Unklar ist, wie das Wort zu seinem anlautenden ‚k' gekommen ist.

Schon diese Aufzählung der Bezeichnungen, die nur einen Teil der Namen wiedergibt, verweist darauf, wie interessant es sein kann, den Gründen nachzugehen, nach denen die Benennungen erfolgt sind: Benennungsmotivik sagen die Sprachwissenschaftler. Da gibt es ursprünglich wissenschaftliche Bezeichnungen: *Papas Peruanorum* z. B. (papa = Knolle), also: Knolle der Peruaner. Dann literarisch bezeugte fremdländische, meist italienische Namen, die übernommen worden sind: *Tartuffel* z.B. Schließlich Namen, die von einheimischen deutschen Früchten auf die Kartoffel übertragen worden sind: *Erdapfel, Grundbirne.*

Die beiden letzten Beispiele zeigen deutlich, wie man die fremde Kartoffel in Deutschland oft benannt hat: man bildete zweigliedrige Komposita, also Zusammensetzungen. Als Grundwort verwandte man eine bekannte Frucht wie *Apfel* oder *Birne,* im Bestimmungswort erläuterte man die Aussage näher, meist durch das wesentliche Merkmal der Kartoffel: nämlich *unter* der Erde zu wachsen. So ist *Grundbirne* (mit den Lautformen *Grumbire, Gromber, Grumbääre* u. a.) an mittel- und althochdeutsch *grunt* ‚Boden', ‚Erde' und an lateinisch *pirum* ‚Frucht des Birnbaums' anzuschließen. – Man hat also mit den Bildungsmöglichkeiten der eigenen Sprache die unbekannte Frucht zu benennen versucht.

In Hessen haben sich im Wesentlichen vier unterschiedliche Bezeichnungen gebildet, allerdings sind die betroffenen Räume nicht immer klar voneinander getrennt (Einzelmeldungen berücksichtige ich nicht):

Ein Gebiet mit *Grundbirne* (*Grombeer, Grombere* u. a.), ein Bereich mit *Erdapfel* (*Erdappel, Erwel, Erdippel* u. a.), eine Region mit *Erdbirne* (*Äbern, Erbiern* u. a.). In einem großen Restbereich gilt *Kartoffel,* eine Bezeichnung, von der die alten mundartlichen Formen *Grundbirne, Erdapfel* und *Erdbirne* immer mehr zurückgedrängt worden sind, vor allem setzt sie sich als Beleg der Hochsprache schnell gegen die anderen Formen durch; z. T. ist das schon vor vielen Jahren geschehen.

Soweit sich das Arbeitsleben des Bauern auf die Kulturpflanze Kartoffel bezieht, lässt es sich in drei verschiedene Tätigkeiten trennen: in die Aussaat, die Pflege, die Ernte. Ich will mich hier auf die Beschreibung der Tätigkeiten im Zusammenhang mit Aussaat und Ernte beschränken.

b) Die Aussaat

Die Kartoffeln wurden im Frühjahr in die Erde gebracht: im größten Teil Hessens sagt(e) man *in die Erde setzen,* andere Bezeichnungen sind *Kartoffeln pflanzen, setzen, Kartoffeln stecken, legen, in den Sand hacken* u. a. In unserem Raum gilt meist *Kartoffeln setzen.*

Das Kartoffelsetzen begann einst mit sorgfältigen Vorbereitungen. Überall auf den Höfen sah man Frauen und Mädchen vor großen Haufen von Kartoffeln sitzen oder stehen, die zur Aussaat bestimmt waren und die den Winter über als *Setzkartoffeln* getrennt von den anderen Kartoffeln im Keller gelagert wurden. Sie waren nicht zum Verzehr bestimmt und durften natürlich auch nicht als Viehfutter verwandt werden. Jeder Bauer achtete genau darauf, dass diese Vorschrift streng eingehalten wurde. Vor dem *Setzen* (*Stecken* u. a.) wurden die Kartoffeln aus dem Keller geholt und auf eine trockene, saubere Stelle des Hofes geschüttet, wie schon erwähnt. Die Frauen sortierten dann die guten Früchte aus, die anderen kamen in den Keller zurück oder wurden, wenn sie angefault waren, weggeworfen. Man verwandte zum Pflanzen am liebsten mittelgroße Kartoffeln, ganz große wurden in einzelne Stücke geschnitten, von denen jedes mindestens zwei oder drei Keime (Augen) haben sollte. Die Augen häufen sich am spitzeren Ende der Kartoffel, nicht am dicken Teil. Diese sortierten Kartoffeln wurden in Säcke gefüllt, auf den Ackerwagen geladen und aufs Feld gefahren. Solche Pflanzkartoffeln konnten nur vier bis sechs Jahre verwandt werden, dann mussten neue Sorten gekauft werden, die alten brachten keine gute Ernte mehr.

Auf dem Felde sah man zur Zeit des Kartoffelsetzens überall die Männer pflügen: langsam und gemächlich die einen mit dem Kuhgespann, schneller die größeren Bauern mit dem Pferdegespann. Meist wurden in jeder dritten Furche die Kartoffeln im Abstand von etwa 30 cm in die Erde gesteckt. Bei den Kuhbauern war es die Aufgabe der Ehefrauen und der Kinder, bei den Pferdebauern steckten die Mägde und oft auch die Knechte die Kartoffeln in die Erde. Viele hatten eine Sackschürze umgebunden, die zwei unteren Zipfel wurden mit Stricken verlängert und um den Hals befestigt. Manche benutzten auch eine größere Blechschüssel, die vor dem Bauch angebracht war. In diesen Schürzensack oder in die Schüssel konnte man genügend Kartoffeln füllen, die meist für eine Furche ausreichten. Das war bequemer, als einen gefüllten Eimer mühsam in der linken Hand zu tragen.

Beim Kartoffelsetzen sind verschiedene Phasen der „Aussaat" zu unterscheiden: Einst legte man die besten „Knollen", nachdem sie in mühsamer und sorgfältiger Handarbeit ausgelesen und sortiert worden waren, hinter dem pflügenden Bauern in die Furchen, etwa im Abstand von 30 cm. Dann löste das „Kartoffellegen" diese mühselige Arbeit ab. Dabei wurden die Kartoffeln in Löcher, die vom Vielfachgerät vorbereitet worden waren, gelegt. Hatte man den ganzen Tag über Kartoffeln *gepflanzt, gesetzt* u. Ä., dann war man am Abend todmüde; vor allem galt das für die Kinder. Zu Hause warteten auf die Erwachsenen dann noch viele Arbeiten im Stall und im Haus. Wenn die erledigt waren, dann sank man völlig erschöpft ins Bett und schlief tief und fest bis zum nächsten Morgen, an dem sehr früh die Tagesmühe wieder begann.

c) *Die Kartoffelernte*

Anfang Oktober, in klimatisch günstigen Regionen auch Mitte bis Ende September, begann die Kartoffelernte.

Die deutschen Mundarten haben für diese Ernte eine Fülle an Bezeichnungen. Von Süd nach Nord geordnet, kommen u. a. vor: *Kartoffeln graben, klauben, lesen, ausmachen, langen, holen, hacken, roden, buddeln, kleien, racken, sammeln, ausnehmen, ernten.* Die sprachliche Analyse dieser Belege hat zu folgenden Überlegungen geführt: Die Kartoffelernte besteht aus verschiedenen Arbeitsgängen, die alle ihre besonderen mundartlichen Namen haben. Da ist es einleuchtend, dass Bezeichnungen für solche Einzelabschnitte zum Namen für die gesamte Ernte wurden. So kann man die Benennungen nach folgenden Kriterien unterscheiden:

1) Nach der Art, wie man die Kartoffel aus der Erde holt: *graben.*
2) Nach dem Werkzeug, das man benutzt: *hacken.*
3) Danach, wie man die Knolle ganz allgemein aus der Erde holt: *ausmachen.*
4) Auch der Ausdruck für das Einsammeln allgemein kann die Bezeichnung bringen: *klauben, lesen.*
5) Schließlich ist der allgemeine Begriff *ernten* überliefert worden u. v. m.

In Hessen kommt vor allem *Kartoffeln ausmachen* vor, daneben erscheinen in kleineren Gebieten u. a. Kartoffeln *raustun, lesen, langen, graben.*

Beinahe jeder im Dorf war an der Ernte beteiligt, denn auch die Ziegenbauern besaßen ein oder zwei Äcker Kartoffelland. War deren Fläche sehr klein, dann mussten sie mühsam mit dem *Karst,* der zweizinkigen Hacke, ihre „Knollenfrüchte" ausbuddeln. Im Allgemeinen aber wurden die Kartoffeln ausgeackert. Man teilte dann die Arbeit so unter sich auf, dass jeder einige Furchen oder, wenn man quer zum Acker arbeitete, einige Meter zugeteilt bekam.

Die Leute – Frauen, Kinder, aber auch die Männer – ebneten mit bloßen Händen oder mit dem *Karst* die Erde der aufgeackerten Furchen ein und warfen die Kartoffeln, die auf diese Weise zum Vorschein kamen, in bereitstehende Körbe, die großen und ansehnlichen Knollen getrennt von den kleinen und angehackten oder von der Pflugschar zerschnittenen, denn die waren zur Viehfütterung bestimmt. An den kurzen Herbsttagen, an denen die Dunkelheit schon früh einsetzte, musste man sich beeilen, um die Tagesernte am Abend nach Hause zu bringen. Der zu der Jahreszeit schon besonders in den Höhenlagen oft einsetzende Nachtfrost hätte die Ernte nämlich vernichten können, wenn die Kartoffeln über Nacht auf dem Felde geblieben wären. Auch vor Diebstählen war man nicht geschützt, vor allem in den schlechten Jahren mit geringen Ernteerträgen und gar in Zeiten echter Not. Alle waren froh, wenn die vollen Säcke am späten Nachmittag in langen Reihen auf dem Acker standen, dann auf den Wagen geladen und nach Hause gefahren werden konnten. Dort begann dann das mühsame Abladen. In vielen Häusern führten enge, steile Treppen in die niedrigen Keller, in denen die Kartoffeln gelagert wurden. Sack für Sack musste unter größter Kraftanstrengung nach unten getragen werden. Manche unserer alten Gewährspersonen erinnern sich daran, dass sie als Heranwachsende, noch halbe Kinder, diese Arbeit leisten mussten. Auch was der inzwischen verstorbene 85-jährige Informant A. Boßhammer von seinem Elternhaus berichtet, war ähnlich in vielen anderen Häusern des Hessenlandes:

Zu Hause wurden die großen, guten Kartoffeln in den Keller geschüttet, die kleinen für Futterzwecke im Stall untergebracht. [...] *In unserem früheren alten Haus war der Keller nur etwa 1,50 m hoch, sodass sich Erwachsene darin bücken mussten. Vor 1917 gab es dort auch kein elektrisches Licht. Folglich konnten die Säcke nicht durch die noch niedrigere Tür in den Keller hineingeschleppt werden. Die Leute wussten sich aber früher zu helfen. In allen alten Häusern mit niedrigem Keller befand sich eine Klappe im Fußboden des darüber liegenden Raumes, bei uns im Wohnzimmer. Diese Klappe wurde geöffnet und die Kartoffeln in den Keller hinuntergeschüttet. Dabei flog Dreck im Zimmer herum, aber das störte damals niemanden sonderlich. Auf alle Fälle war es sehr praktisch (1987, S. 197).*

Man war vor allem froh, wenn man die Kartoffeln bei Sonnenschein ernten und am Abend trocken in den Keller schütten konnte. Wie oft kam es jedoch vor, dass ein nasskalter Herbstregen schon am Morgen einsetzte und die Menschen – die gezwungen waren, Säcke zum Schutz über die Köpfe zu stülpen, sodass nur noch das Gesicht aus der Umhüllung heraussah – den Tag über frierend arbeiteten. Die klebrige Erde musste dann mit kalten Händen von den Kartoffeln abgestreift werden, dann hatten die vermummten Arbeitsleute die nassen Knollenfrüchte in die Körbe zu werfen und schließlich in die Säcke zu füllen.

Es ist deshalb allzu verständlich, dass jeder Bauer über einen sonnigen Herbst froh war, an dem er die Kartoffeln trocken ernten konnte. War das der Fall, dann sah man am Ende der einzelnen Tage die „Kartoffelfeuer" brennen. Die dürren Kartoffelsträucher wurden auf einzelne Haufen zusammengeharkt und angezündet. Die Kinder, auch viele Erwachsene, legten dann Kartoffeln in die Asche des niedergebrannten Feuers. Die waren im Nu gar und schmeckten besonders gut. Die Situation eines solchen Arbeitstages, an dem man sich über Sonne und Trockenheit, aber auch über die Mahlzeiten auf dem Feld – den Schinken und den Schwartenmagen, den Kaffee und den Zwetschenkuchen – freute, an dem aber auch Regen Beschwernis und Last bringen konnte, ist in der Mundartdichtung der Region öfter treffend beschrieben worden: ein Zeichen dafür, wie sehr Dialektdichter das Arbeitsleben der Menschen in unserer Heimat nachempfunden haben und fähig waren, es realistisch darzustellen. Ich hoffe, auf die Bedeutung der Mundartdichtung in absehbarer Zeit noch eingehen zu können.

Nun hat es auch Jahre gegeben, in denen durch langen Regen viele Kartoffeln im Boden verfault sind und auch ein Großteil des Getreides vernichtet worden ist. Wenn Pferde- und Kuhbauern dann nur eine kleine Ernte einfahren konnten, dann herrschte in unserem Bundesland wirklich echte Not. Die war dann vor allem bei den besitzlosen Arbeiterfamilien und bei den Tagelöhnern mit großer Kinderschar vorhanden. Zusatzarbeit als Tagelöhner fanden sie in dieser Zeit der Not ja kaum.

In einem solchen Fall haben charakteristische Sprichwörter die Situationen oft sehr treffend beschrieben. In diesen „Kleinstformen der Poesie" wurden Lebensangst und Verbitterung der Menschen angesprochen. Manche unserer ältesten Gewährsleute erinnern sich noch an einige Sprichwörter und an die durch sie angesprochene Zeit der Not. Da heißt es etwa: *In der Not schmeckt jedes Brot:* Kinder waren abends in solcher Bedrängniszeit mit einem Stückchen Brot, mit einer Brotkruste zufrieden, wenn sie überhaupt etwas zu essen bekommen konnten. Tröstend suchten dann manche Eltern ihre hungrigen Kinder aufzurichten, ihnen Trost zuzusprechen: *Geduld und Spärlichkeit* (Sparsamkeit) *hilft auch durch die schlimmste Zeit:* Sie verwiesen damit auf das nächste Jahr, das vielleicht besser sein werde. In einem Hungerjahr war auch von alten Menschen zu hören: *Hunger und Not haben keine Angst vor dem Tod:* Jeglichen Lebensmut hatten in solchen Krisenzeiten manche Senioren verloren. Der Tod wäre für viele eine Erlösung, so empfanden sie. In schlimmen Jahren war auch oft zu hören: *Hunger und Not machen den Menschen tot.* Es blieb für viele aber trotz großer Bedrängnis und des schlimmen Hungers doch Hoffnung: *Wenn die Not am größten, ist die Hilfe am nächsten:* Vielleicht bekam man doch noch einen Nebenerwerb, der so viel Kartoffeln einbrachte, dass man die hungrigen Kinder, die Alten und sich selbst einigermaßen sättigen und so überleben konnte. – Echte Notjahre, so versicherten unsere älteren Gewährsleute, hat es im Ganzen jedoch nicht allzu oft gegeben. Meist hatte man genug Jahreskartoffeln, hatte genug zu essen, um auszukommen, natürlich bei größter Einschränkung.

In unserer Gegenwart sind Zeiten von Not und Bedrängnis, wie sie die angeführten Sprichwörter aufweisen und deuten, kaum vorstellbar. Wie sehr sich die Verhältnisse – die Arbeits- und die Lebenswelt der Menschen – geändert haben, das wird nicht nur deutlich, wenn man an unsere Ernährungsgewohnheiten denkt und sie mit Quantität und Qualität des Essens in der Vergangenheit vergleicht, sondern auch an die modernen Produktionsverfahren in der bäuerlichen Arbeitswelt.

d) Moderne Produktionsverfahren

Wie sehen die Produktionsverfahren aus, die unsere Lebensverhältnisse entscheidend mit verbessert haben? Konkret: Wie sieht die für den Kartoffelbau entwickelte Technologie in der jüngsten Vergangenheit und in der Gegenwart aus?

Da in Hessen Großgüter kaum vorhanden waren und sind, vielmehr die Klein- und Kleinstbetriebe oder besonders im Anerbenbereich die mittleren Bauernhöfe überwogen, haben die in diesem Kapitel beschriebenen anstrengenden Handarbeiten, das mühsame Kartoffelpflanzen, Hacken und Ernten mit dem *Karst* (der Hacke), für die meisten Betriebe bis in die jüngste Vergangenheit gegolten. Maschineneinsatz größeren Ausmaßes war hier nicht rentabel. Seit man aber in unserer Region besonders in der Zeit nach dem Ersten Weltkrieg immer mehr erkannte, dass die Kartoffel das wichtigste Nahrungsmittel gerade für die ärmeren Bevölkerungsschichten war, dass sie wesentlich zur Milderung weit verbreiteter Hungersnöte beitragen konnte, erfreute sie sich jedoch nicht nur einer stets steigenden Wertschätzung, sondern man suchte auch in Hessen nach Möglichkeiten, unkomplizierte, billige Maschinen einzusetzen. Mancher Pferdebauer schaffte sich so schon in den 1920er Jahren einen Kartoffelroder an, bereute den Kauf aber meist, weil diese Geräte zu Anfang noch zu unrational arbeiteten: sie warfen Kartoffelsträucher und Erde zwar auseinander und legten einen Teil der Kartoffeln frei, verscharrten aber auch viele andere. In jüngster Vergangenheit und in der Gegenwart jedoch, in der sich viele ehemalige Pferdebauernbetriebe durch Anpachten zu größeren Vollerwerbsbetrieben gewandelt haben, lohnt sich der Einsatz der modernen Maschinen, z. B. der Einsatz der vollautomatischen Kartoffellegemaschine, die das mühselige Kartoffelstecken ersetzt. Bei diesen modernen Geräten werden die Saatkartoffeln mit einer Becherkette aus einem großen Vorratsbehälter geschöpft und dann in die Furche abgelegt und zugedeckt. Zum Einsatz kommen auch die vollautomatischen Erntemaschinen. Wenn man beim Kartoffelsetzen die Saatkartoffeln vorsortiert, dann sind heute, wie ein bekannter Agrarsoziologe formuliert hat, „Spitzenleistungen [...] von bis zu 480 Knollen je Minute realistisch. Die ‚Legefrauen' sind demnach aus der modernen Landwirtschaft verschwunden. Die ‚Ein-Mann-Maschine' hat das Kartoffellegen, eine noch vor 80 Jahren zu den arbeitsintensivsten Landarbeiten zählende Tätigkeit, überwunden."

Auch die Kartoffelernte ist in der Gegenwart völlig automatisiert worden, die Entwicklung von Vollerntegeräten ist ein Triumph des menschlichen Erfindungsgeistes.

Bei der Erntemaschine gibt es zwei verschiedene Arbeitsweisen. Entweder wird die dammartige Furche, in der die Kartoffeln stecken, von einem scharartigen Blech unterfahren, die Erde wird dabei von kreisenden Werkzeugen zerkleinert und zerschlagen, und die Kartoffeln werden freigeschleudert. Oder die Kartoffeln werden von Rüttelrosten aufgenommen und durch das starke Rütteln von Erde, Steinen und Kraut befreit. Heute ist auch die Möglichkeit vorhanden, die Kartoffeln über einen so genannten

Elevator auf einen neben der Erntemaschine fahrenden Wagen direkt zu verladen. Das wird von allen Bauern als eine große Erleichterung im Arbeitsleben empfunden.

Ohne die modernen Maschinen könnten die Landwirte heute ihre Arbeiten nicht mehr erledigen; Knechte, Mägde, mithelfende Ziegenbauern u. a. stehen ihnen ja – wie wir schon ausgeführt haben – nicht mehr zur Verfügung.

Auf eine wichtige Entwicklung haben unsere Gewährsleute noch hingewiesen: Seit den vierziger Jahren des 20. Jh. haben die Bauern die Möglichkeit, die eingekellerten Kartoffeln zu konservieren und damit Verluste durch Fäulnis und andere Krankheiten zu vermeiden. Diese Verluste waren manchmal so groß, dass ein Teil der Ernte vernichtet wurde. Nun kamen die Dampfmaschinen auf die Höfe. In großen Dampfkesseln wurden die Futterkartoffeln gekocht und in einem Silo, das mit Lehm luftdicht abgedeckt wurde, eingestampft und konserviert. Vor allem seit den vierziger Jahren des letzten Jahrhunderts kommen die Dampfkolonnen mit ihren großen Dampfkesseln in die Dörfer, auf die Bauernhöfe. Auch das war und ist für die Menschen ein Beweis für die rasante Entwicklung im Arbeitsleben, an deren vorläufigem Ende die völlige Automatisierung steht.

e) Bräuche

Um die Kartoffeln haben sich in Hessen orts- und regionaltypische Bräuche gebildet. Vor allem hat sich im Anschluss an das Kartoffelbraten auf dem Acker, das wir kurz beschrieben haben, das so genannte Fest der Kartoffelbratpartie entwickelt: Dorf-, Straßengemeinschaften, Angehörige von Vereinen u. a. trafen sich einst oder treffen sich auch heute noch meist sonntags zum gemeinsamen Feiern im Wald. Dann wurden Kartoffeln in der Aschenglut geröstet, Würstchen, in Papier eingewickelt, gebraten, heute werden sie gegrillt, es wurden Lieder gesungen, Anekdoten erzählt u. v. m.

Die Bratpartien fanden in vielen Dorfgemeinschaften des Hessenlandes, nach unseren Befragungen beinahe in allen Landesteilen statt, stets im Freien auf einem Platz im Wald oder am Waldesrand.

In der Gegenwart ist das Fest bei vielen Feiern zu einer allgemeinen Grillpartie ausgeweitet bzw. ganz durch Grillfeten oder Barbecues ersetzt worden, wie wir sie auch vom Urlaub aus südlichen Ländern her kennen.

3. Die Heu- und die Grummeternte

Die Heuernte bildete einen Höhepunkt in der bäuerlichen Feldarbeit und war für jeden im Dorf eines der wichtigsten Ereignisse in der gesamten ländlichen Lebens- und Arbeitswelt des Jahreslaufs. Sie begann einst gewöhnlich in der zweiten Junihälfte, meist zwischen Johanni (24. Juni) und Peter und Paul (29. Juni), gelegentlich auch etwas früher oder sogar noch später, z. B. in den Höhenlagen des Bottenhorner Raumes, im Westerwald und in anderen Regionen. In der Generation unserer Eltern bzw. Großeltern verlegte man den Beginn dann auf Ende Mai/Anfang Juni. Man war in dieser Zeit nicht mehr auf eine Eigenbesamung des überreifen Grases angewiesen, durch die man einen guten zukünftigen Ertrag sichern wollte, sondern man verließ sich auf den Kunstdünger, dessen Verwendung meist gute Ernteaussichten garantierte.

Die landwirtschaftlichen Beratungsstellen weisen seit langem darauf hin, dass die Qualität des Heus von verschiedenen Faktoren abhängig ist: von der Bodenbeschaffenheit, dem Klima, der Pflanzenart, der Bewässerung, der Düngung und der Pflege der Wiesen. Die Agrarwissenschaftler haben festgestellt, welche Bestandteile in gutem Heu enthalten sein sollen, z.B. 10% Rohprotein, 25% Stärke, dann Rohfett, Magnesiumoxid u. a. Das lernten und lernen die zukünftigen Bauern in den Landwirtschaftsschulen, die über das ganze Land verteilt waren oder sind. Zwischenzeitlich ist die Zahl dieser Schulen wieder zurückgegangen. In diesen für den bäuerlichen Nachwuchs sehr wichtigen Schulen erfuhren und erfahren die jungen Leute genau und im Einzelnen, wie man die verschiedenen Grasarten und damit gute und schlechte Futtergräser voneinander unterscheidet. Zum Lehrplan gehört(e) u. a. auch die richtige Bewässerung der Wiesen. Die war und ist vor allem möglich, wenn die Grundstücke im Tal unterhalb eines Baches lagen. Diese Bewässerung war und ist dem Bauern besonders wichtig. Sie sollte möglichst im April, nicht in den Monaten März oder Mai erfolgen, denn dann grünen die Flächen zu früh oder zu spät. In Teilen Hessens hat es sogar Wiesen-Genossenschaften gegeben, die ihren Mitgliedern das so genannte *Stundenwasser* zuteilten. Das war die Zeit, in der man vom Hauptgraben her das Wasser auf die eigene Wiese leiten durfte. Das konnte nach dem Zufall des Auslosens sogar in der Nacht sein. Großen Ärger hat es gelegentlich zwischen Bauern und Müllern gegeben. Denn mancher Wiesenbesitzer, dessen Grundstücke unterhalb des Mühlgrabens lagen, leitete das Wasser, das der Müller dringend für das Antreiben seines Mühlrades brauchte, auf seine Grundstücke. Einige Informanten berichten, dass daher früher zahlreiche Müller im April täglich mehrmals den Bach entlanggingen. Sie schütteten die Stellen, von denen aus die Bauern mit ihren Wiesenbeilen Ableitungsfurchen von diesem Mühlgraben aus auf ihre Wiese geführt hatten, mit Erde zu.

a) Das Freimachen der Zufahrtswege zu den Wiesen

Die Arbeiten zum Heumachen durften früher erst einsetzen, nachdem der Bürgermeister als Wiesenvorstand die Wiesen *aufgetan* hatte: Durch den Ortsdiener ließ er diese Entscheidung mitteilen, also *ausrappeln*. Dieser Ortsdiener ging mit einer Schelle durchs Dorf und ließ sie an bestimmten Stellen ertönen. Wenn dann die Leute aus den Fenstern sahen, Fußgänger stehen blieben, Kuh- und Pferdegespanne angehalten wurden, selbst Kinder aufhörten zu spielen, wenn also alles still war, dann rief er mit lauter Stimme seine Bekanntmachungen aus. Die Bekanntmachung zum Heubeginn war nötig, weil früher viele Grundstücke keine festen Zufahrtswege hatten. Das änderte sich erst, nachdem überall die Zusammenlegungen, die *Verkoppelungen*, durchgeführt waren.

Wie sehr es in Teilen Hessens auch noch nach dem Zweiten Weltkrieg nötig war, Flurbereinigungen durchzuführen, darauf verweisen unsere Informanten immer wieder. So erzählte uns ein alter selbstständiger Bauer aus dem Osten unseres Gebietes, dass er Ende der vierziger Jahre einen Betrieb von 22 ha besessen habe, der in siebzig Grundstücke aufgeteilt gewesen sei, das waren Wiesen und Äcker. Diese extrem starke Flurzersplitterung hängt mit der alten fränkischen Sitte der Realteilung zusammen, wir verwiesen schon kurz darauf. Sie hatte sich in unserem Bundesland vor allem im Süden und in der Mitte erhalten. Der Besitz wurde hier bei jeder Erbfolge gleichmäßig unter allen Kindern aufgeteilt. Mit den Flurneuordnungen, die in manchen Orten schon lange vor dem Zweiten Weltkrieg durchgeführt worden waren, suchte man lebensfähige Höfe für die selbstständigen Bauern oder größere Parzellen zu schaffen, die auch für die Nebenerwerbslandwirte und die Kleinbauern – z. B. durch den Einsatz einer Mähmaschine oder anderer kleiner Maschinen – zeit- und arbeitssparender als bisher bewirtschaftet werden konnten.

Nachdem die Flurbereinigungen, die Verkopplungen, beendet waren, hatte jeder Bauer, ob selbstständiger Erwerbslandwirt oder Arbeiterbauer, also Nebenerwerbslandwirt, freien Zugang zu seinen Äckern und Wiesen. Unsere Gewährsleute versicherten, dass die Vermessungsbeamten, die in einer Flurbereinigung die dörfliche Feldgemarkung neu ordneten, gleich zu Anfang in der Planung größten Wert auf ein, wie es im Beamtendeutsch heißt, „maschinengerechtes Wegenetz" legten.

Von da an hatte jedermann freien Zugang zu seinen Wiesen. Viele neue Feldwege waren so im Laufe der Zusammenlegungen angelegt worden. Jedes Wiesengrundstück war jetzt auf einem solchen grasbewachsenen Weg zu erreichen. Wenn man bedenkt, dass in manchen Gemeinden, wie in meiner Heimatgemeinde Weidenhausen z. B., die Zusammenlegungen erst viele Jahre nach dem letzten Krieg durchgeführt worden sind, kann man verstehen, wie wichtig der vom Wiesenvorstand einst angeordnete feste Erntebeginn war. – Dazu der Bericht eines alten Gewährsmannes:

Unsere Wiese lag im großen Salzbödetal zwischen Weidenhausen und Erdhausen. Die Gemarkung hieß „Im Werth". Zwischen unserem Grundstück und dem nächsten Feldweg lagen mindestens acht Wiesen. Da mussten wir mit dem Heumähen warten, bis alle Nachbarn in der Mitte ihrer Parzellen einen Weg freigemäht hatten, den wir benutzen konnten. Es wollte doch niemand den anderen das frische Gras zusammentreten. Da war es schon gut, dass der Bürgermeister den Beginn der Heuernte festsetzte. War das geschehen, dann musste jeder unverzüglich dafür sorgen, dass die Bauern ringsum so schnell wie möglich Zugang zu ihren Wiesen erhielten.

Genau und im Detail erinnern sich unsere alten Gewährsleute an den Arbeitsablauf bei der Heuernte. Er gliederte sich in drei Phasen: 1. Das Mähen, 2. das Trocknen und 3. das Einbringen.

b) Das Mähen

Man vergisst im Allgemeinen beim Rückblick auf die Vergangenheit, dass die Besitzer von landwirtschaftlichen Kleinstgrundstücken das Gras einst sehr mühsam mit der Sichel schnitten. Unser Archiv enthält z.B. Berichte über alte, arme Witwen, die Heu auf Rainen, Waldwegen, gepachteten Gemeindeflächen und dem eigenen kleinen Besitz mit der Sichel schnitten und ernteten. Man nannte sie, die das Heu in Säcke stopften und auf dem Rücken nach Hause trugen oder es im kleinen Bollerwagen fuhren, im Dorf bezeichnenderweise etwa die *Hasemargit*, das *Gaasde-(Zeeje-)Kattche, die Sichel-Marie* u. a., d. h. diese Frauen brachten in mühevoller Arbeit das Futter für ihre wenigen Tiere, meist zwei oder drei Ziegen, nach Hause.

W. Stolle, ein Volkskundler, berichtet über diese so genannten Sichelbauern: „Nur die Halter von Kleinvieh (Ziegen, Hasen usw.) schnitten sich kleine Futtermengen an Waldrändern, Hecken und Chausseegräben mit der Sichel. Diese Gruppe der so genannten ‚Hasen'- oder ‚Ziegenbauern' war zahlenmäßig nicht unbedeutend. Den Mangel an eigenen Wiesen versuchten die ‚Ziegenbauern' meist durch Pachtland auszugleichen. Von besonderer Bedeutung waren daher die im 19. Jahrhundert und vereinzelt bis in die fünfziger Jahre unseres Jahrhunderts abgehaltenen Heu- und Grummetversteigerungen. Gemeinden, Großgrundbesitzer und Parkverwaltungen machten sich den allgemeinen Futtermangel zunutze und kündigten zweimal pro Jahr durch Anzeigen in Mitteilungsblättern und Zeitungen ihre Versteigerungen an."

Die Sichel spielte in Hessen im Arbeits- und im Sprachleben der Vergangenheit eine große Rolle. So wurden in der Wortforschung zwei Bezeichnungen in unserem Bundesland genannt: Im Nordwesten, nördlich von Frankenberg, Schwalmstadt und Eschwege, gilt das alte Wort *Häpe*; im übrigen Gebiet erscheint *Sichel.* Welche Rolle die Sichel einst im Volksleben hatte, darauf verweisen viele historische Belege: So heißt es 1303 in einer

Anordnung an Bauern und Tagelöhner, sich dem Herrendienst zu stellen: *Wer aber nit plugen inhat* (keinen Pflug hat), *der sal dienen zwene dage mit der sychelin, einin mit dem rechin* (der soll zwei Tage mit der Sichel, einen mit dem Rechen dienen. Gemeint ist: zur Erntezeit in der Woche). Die einstige Verwendung der Sichel bei der Getreideernte lässt folgende Wendung erkennen: *Margrit* (die heilige Magarethe) *brängt die Sichel mit* (am 13. 7. beginnt die Getreideernte). Auf die Ablösung der Sichel durch die Sense und die vielen Gründe dafür verweist die agrarsoziologische Forschung, wir gehen bei der Darstellung der Getreideernte noch kurz darauf ein. Mit dieser Entwicklung sind auch zwei Berufe aufgewertet worden, besonders finanziell: der des Sensenschmiedes und der des Sensenhändlers: Die steigende Nachfrage nach Sensen und Sensenblättern brachte den Sensenschmieden hervorragenden geschäftlichen Erfolg, sie weiteten ihre Produktion aus. „Die Sensenherstellung", so formuliert ein Agrarsoziologe, „war, um es modern zu formulieren, zur Spitzentechnologie geworden." Und in Teilen unseres Untersuchungsraumes zogen noch zu Beginn des 20. Jahrhunderts Händler, die gut geschmiedete Sensen in ihren *Kötzen* ‚Rückentragkörben' hatten, weit bis ins nördliche Westfalen, um hier ihre Ware abzusetzen. Sie verkauften ihre Sensen natürlich auch bei den Landwirten in ihrer eigenen Heimat.

Die Bauern in unserem Bereich mähten vor Einführung der Maschinen das Gras natürlich schon lange mit der Sense. Das war eine körperlich sehr anstrengende und langwierige Arbeit. Meist waren es daher die Männer, die diese Tätigkeit ausübten. Nicht nur die alten, sondern auch junge, arbeitserfahrene und an das Mähen gewöhnte Männer waren müde und erschöpft, nachdem sie stundenlang mit der Sense in den schwieligen Händen gemäht und *Gemoare fier Gemoare* niedergelegt hatten. Die Leute kannten einst manche mundartlichen Lieder, in denen diese Müdigkeit angesprochen wurde. So hieß es in Mittelhessen (von Biedenkopf, Gladenbach bis weit ins Nassauer Land):

Wann de Wääs bloiht
Unn des Gras leit uff Gemoare,
Da kann mech äjer wickgedraa,
Enn asch weanns nitt gewoare

‚Wenn der Weizen blüht
Und das Gras liegt auf Gemahden (in langen Reihen),
Da kann mich einer wegtragen,
Und ich merke es nicht.'

Es war meist ein kleines Team, das eine Mähergruppe bildete. Im Durchschnitt gehörten drei bis sechs Personen dazu, bei den größeren Pferdebauern oft bis zu acht Männer oder mehr. Auf den kleinen, teilweise auch auf mittleren Höfen waren selbst Frauen und sogar Kinder in ein solches Arbeitsteam eingebunden. Sie mussten mit den Männern beim Mähen Schritt halten. Zwar bekamen sie kleinere Sensen als die Männer, aber die Belastung für sie war doch sehr groß. – Ein 70-jähriger Bauer berichtete 1962:

Ich habe beim Heumähen schon als Zehnjähriger viele Stunden am Tag mit den Männern mithalten müssen. Wenn ich zurückfiel, war ich schuld, dass die Geschwindigkeit bei allen nachließ. Dann wurde ich tüchtig ausgeschimpft. Schlimm war es besonders im Ersten Weltkrieg, als die Männer an der Front waren. Da mussten die Mutter und wir Kinder die schwere Arbeit allein leisten.

Sensenmahd und Heuernte forderten einst auf allen Höfen und in allen Regionen eben harte Arbeit.

Die schwere Frauen- und Kinderarbeit beim Mähen beschreibt ausführlich W. Stolle:

„Auf kleinen Höfen mähten meist die Angehörigen einer Familie wie der Vater, der Sohn, der Großvater, weitere Verwandte oder die Nachbarn, die sich des Öfteren bei größeren Arbeiten untereinander in so genannter ‚Nachbarschaftshilfe' aushalfen.

Auf größeren Höfen mähten der Bauer, die Knechte, Tagelöhner, ortsansässige Handwerker und so genannte Saisonmäher. Nicht selten mähten auf kleinen und mittleren Höfen auch Frauen (wie Bäurin, Magd) und größere Kinder, was besonders bei großen Wiesen oder bei dem Mangel und Ausfall von männlichen Arbeitskräften notwendig war.

Die Ergebnisse des Atlas der deutschen Volkskunde zeigen, dass Hessen zu den nördlichsten Gebieten gehört, in denen Frauen mit der Sense umgehen. Die Ursache hierfür dürfte in der vorwiegend kleinbäuerlichen Struktur der hessischen Landwirtschaft und der besonderen Bedeutung des Familienbetriebes liegen.

Ebenfalls dürfte das häufige Mähen von Kindern in der Wirtschafts- und Sozialstruktur begründet sein. So kommt besonders in kleinbäuerlich strukturierten Gebieten mit vorherrschenden Familienbetrieben ohne Gesinde der Kinderarbeit eine besondere Bedeutung zu. Häufig wurden Knaben und Mädchen (!) schon mit 12 bis 14 Jahren zum Mähen herangezogen. Das anstrengende, „äußerste Kraft fordernde Mähen zog sich auch für die Kinder nicht selten von nachts 2–3 Uhr an über mehrere Stunden hin. Es lässt sich denken, dass die Strapazen, auch im sonstigen Arbeitsjahr nicht gering, für die Gesundheit der Kinder nicht gerade förderlich waren."

Man mähte meist in der Längsrichtung der Wiese, einer nach dem anderen begann an der Schmalseite. Auch dazu wieder einer der zahlreichen Gewährsleute, der in den 1960er Jahren im Rückblick aus der Zeit um die Jahrhundertwende 19./20. Jh. berichtet:

Das Mähen musste schnell und zügig erfolgen. Deshalb haben die Bauern meist bestimmt, dass der beste von der Gruppe der letzte in der Reihe war. Da hatte der vorletzte nämlich Angst, dass die Sense dieses guten Mähers ihm gefährlich näher rückte. Und diese Angst setzte sich fort bis zum ersten in der Reihe. Ich weiß heute noch, wie mir das Herz damals manchmal vor Angst schneller schlug. Ich dachte: Könnte die Sense des Hintermannes mir das Bein nicht verletzen? So etwas ist natürlich bei uns nie vorgekommen. Unser Bauer sagte in den Essenspausen oft, wenn wir Kinder uns über die schwere Arbeit und die lange Zeit beklagten: Wir müssen möglichst viel gemäht haben, bevor die Sonne hoch am Himmel steht und den Tau vom Gras getrocknet hat, und ich kann für Euch nur wiederholen, was die alten Leute uns früher immer gesagt haben: Faulheit lohnt mit Armut. Und arm, gar bettelarm zu sein, davor schütze Euch der Herrgott!

c) Das Schärfen der Sense

Für ein zügiges Arbeiten war die Beschaffenheit des Sensenblattes von großer Bedeutung. Es musste zunächst in einem richtigen Winkel zum Sensenbaum, dem *Wurf*, stehen: Jeder Bauer prüfte deshalb vor Arbeitsbeginn, ob das Blatt richtig eingestellt war, sonst hätte die Spitze sich beim Arbeiten in die Erde gebohrt. Vor allem aber mussten die nach stundenlangem Mähen am Vortag stumpf gewordenen Sensen neu geschärft werden: Sie wurden *gedengelt* oder, wie es in anderen Teilen Hessens auch hieß, *gehart*. Vereinzelt sagte man ganz im Norden Hessens auch *kloppen*, eine Bezeichnung, die sich weit bis nach Nord- und Ostdeutschland hin erstreckt.

Es sind dies alte Benennungen, deren Entwicklung vom Althochdeutschen bis heute verfolgt werden kann. *Dengeln* ist zu althochdeutsch *tangol* ‚Hammer' zu stellen, *haren* hängt mit dem mittelhochdeutschen *harwe* ‚schneidend' u. ä. zusammen. Es verweist auf eine sprachliche Wurzel, zu der auch unser mhd. *hart* gehört. *Kloppen* ist die niederdeutsche Form zu neuhochdeutschem *klopfen*.

Zur Arbeit des Dengelns gehörten einige wichtige Gegenstände, man nannte sie zusammenfassend *Dengel-* oder *Harwerk*: Das waren der *Dengelstock* (*Harstock*), ein kleiner Amboss, der im *Dengelklotz* (*Harklotz*), einem Holzklotz, steckte, und ein *Dengelhammer* (*Harhammer*). Der *Dengelhammer* war im Gegensatz zum normalen Hammer meist nach zwei Seiten zugespitzt.

Wenn man sich mit alten Dorfbewohnern unterhielt und unterhält und sie nach den Erinnerungen aus ihrer heimischen Jugendzeit fragt(e), nach besonders charakteristischen Eindrücken aus der ländlichen Welt, die ihnen noch heute klar vor Augen stehen, dann antworten viele: Es ist der Klang der *Dengelhämmer*, der abends oder auch frühmorgens zu hören war. Überall auf den Höfen sah man die Bauern einst vor den *Dengelklötzen* sitzen. Der Sensenbaum (*Wurf*) hing in einer Schlinge, das Sensenblatt lag auf dem Amboss – es kam auch oft vor, dass das Sensenblatt vom Sensenbaum abgeschraubt wurde –, und der Bauer schlug im rhythmischen Gleichklang mit dem Hammer auf die Schnittfläche, bis sie wieder scharf und gleichmäßig dünn war. Mit dem Daumen prüfte er dann sorgfältig, ob er mit seiner Arbeit zufrieden sein konnte, denn nicht jeder war geschickt genug für diese Arbeit. Wenn der Bauer dieses Geschick, diese handwerkliche Kunstfertigkeit nicht besaß, dann übergab er die Sensen dem Dorfschmied oder anderen kundigen, geschickten Männern, oft auch seinem Knecht. Besonders von der Schmiede her hörte man zur Heu- und Getreideernte Tag für Tag, morgens und abends, die langen, hellen Hammerschläge weit ins Land hinein klingen. Wie hoch im Volksempfinden die Bedeutung des Dengelns gewertet wurde, darauf verweisen viele Sprichwörter. Ich nenne nur eines in hochsprachlicher Lautform: *Gut gehart (gedengelt) ist halb gemäht.*

d) Das Mähen mit der Sense

Wenn dann der Tag erwachte, die Dunkelheit sich langsam in Helligkeit verwandelte, und das war meist schon gegen drei Uhr, manchmal auch früher, dann zogen die Mähergruppen auf die Wiesen. Die Arbeit begann so früh, weil sich das taufrische Gras am besten mähen ließ, unser Informant verwies schon darauf. Einer arbeitete halbschräg hinter dem anderen, in langen, gleichmäßigen Schlägen sah man die Schnitter wirken. *Gemoare im Gemoare* (Schwaden frisch gemähten Grases) lagen bald nebeneinander.

Ein guter Arbeiter konnte am Tage über einen Morgen mähen. Und immer wieder musste man zwischendurch das Sensenblatt wetzen, d. h. mit dem Wetzstein schärfen. Das geschah meist, nachdem ein *Gemoare* abgemäht war; manchmal auch zwischendurch. Dieses Schärfen war dringend nötig, denn nach einer gewissen Arbeitszeit schnitten auch die gut *gedengelten (geharten)* Sensen nicht mehr richtig. Sie mussten neu geschärft werden. Der *Wetzstein* steckte im *Schlotterfass* (*Schlorrerfass*) ‚Wetzsteinbehälter', der ein krummes Kuhhorn war, auch aus Holz geschnitzt sein konnte oder aus Blech bestand. Teilweise hieß (heißt) er in unserem Gebiet auch *Schlockerfass* (*Schluckerfass*). Schon im Deutschen Wörterbuch der Brüder Grimm (1854–1960, Band 9, Sp. 764 und 786) sind beide Wörter eingetragen. Es führt sie auf das Verb *schlottern* bzw. *schlockern* ‚sich lose hin- und her bewegen' zurück. Das Wort ist alt: das Mittelhochdeutsche, die Sprachperiode um etwa 1100–1500, kennt es als *slotern* in der Bedeutung ‚zittern' u. ä.

Damit der Rhythmus des Mähens, das gleichmäßige Arbeiten der Schnitter, nicht gestört wurde, pausierte man meist zur gleichen Zeit, jeder nahm dann den *Wetzstein* aus dem *Schlotterfass* und schärfte seine

Sense. Dabei musste er sich in Acht nehmen, dass er sich an der scharfen Schnittfläche nicht verletzte.

Es hat lange gedauert, bis die Grasmähmaschine sich in unserem Gebiet durchsetzte und das Sensenmähen ablöste. Da die Grashalme wegen ihres geringen Widerstandes leicht unter dem Mähbalken durchglitten, musste der Schneideapparat besonders scharf sein. Nur die größeren Kuh- und vor allem Ochsen- und Pferdebauern haben sich die Mähmaschinen, die nicht ganz billig waren, angeschafft. Die kleineren Landwirte wollten an den großen Erleichterungen des Maschineneinsatzes jedoch auch teilhaben. Sie ließen sich ihre Wiesen meist von einem Bauern gegen Bezahlung mähen. Die Erleichterungen und Vorteile der neuen Technik waren so groß, dass ein Schlepper mit angehängtem Grasschneidebalken in einer Stunde etwa 3000 qm und noch mehr mähte, wofür ein Mäher mit der Sense rund vierzehn Stunden – und manch einer noch viel mehr – gebraucht hätte: wieder ein Beispiel für den rasanten Wandel des Arbeitslebens im 20. Jahrhundert.

Wenn eine Wiese zu Ende gemäht worden war, dann begann man mit dem *Zerre* ‚Zetten', d. h. das auf dicken *Gemoare* ‚Reihen' liegende Gras wurde gleichmäßig über die Wiese verteilt.

Die Bauern benutzten für diese Arbeit eine Heugabel, einen Heurechen, oder der Schnitter warf das Gras mit dem Sensenbaum auseinander. Beim *Mije* ‚Mähen' mussten die *Määre en Kenn zerre* (mussten die Mägde und Kinder mit dem Rechen das Gras auseinander werfen), teilten unsere Informanten immer wieder mit. *Zetten*, mundartlich *zerre*, unser vorherrschender Beleg, ist ein altes deutsches Wort, im Mittelhochdeutschen bedeutet es ‚streuen', ‚ausbreiten'.

War das abgemähte Gras gleichmäßig auseinander gestreut, dann hing es von der Sonneneinstrahlung ab, wann man mit dem nächsten Arbeitsgang beginnen konnte, dem *Wenden*.

Wo man mit dem *Mähen* und *Zerren* begonnen hatte, dort setzte man auch mit dem *Wenden* ein. Denn an dieser Stelle hatten Sonne und leichter Sommerwind das Gras zuerst oben abgetrocknet. Es musste nun so gewendet werden, dass die noch feuchte und grüne Unterseite nach oben zu liegen kam. Man benutzte als Arbeitsgerät meist den Rechen. Diese Tätigkeit war gar nicht einfach, manche haben sie nie richtig gelernt. Mit einer schnellen Wendung musste das vom Rechen erfasste und auf ihm liegende Gras so nach oben gekehrt werden, dass es möglichst gleichmäßig den Boden bedeckte. Eine solche Arbeit hatte einen hohen gemeinschaftsfördernden Stellenwert in unserer dörflichen Gesellschaft. Überall sah und hörte man kleine Arbeitsgruppen singend dieser Tätigkeit nachgehen. – Eine alte Frau berichtet:

Das Wenne (Wenden) *war eine saubere Arbeit. Wenn wir mit dem Rechen auf der Achsel hinausgingen auf die Wiesen, dann haben wir die stolzen Stücke* (guten Teile) *von unserer Arbeitstracht angezogen und haben die*

Nachbarn freundlich gegrüßt, ihnen Scherzworte zugerufen, und bei der Arbeit haben wir manch altes Volkslied gesungen.

Heute hat sich auch diese Arbeit radikal gewandelt. Mit einer gewissen Wehmut denken manche Gewährsleute daran, dass die Gruppen von meist Frauen und Mädchen, die zum Wenden singend nach draußen gingen, schon lange aus dem Arbeitsleben des Dorfes verschwunden sind. Schon im 19. Jahrhundert waren der Gabelheuwender und der Trommelheuwender erfunden worden. Es dauerte aber noch bis weit ins 20. Jahrhundert hinein, zum Teil bis in die jüngste Vergangenheit, bis die Maschinen, meist wesentlich verbessert gegenüber den ersten Konstruktionen, sich bei uns durchsetzten. Die Mechanisierung beim Wenden hat die alte Handarbeit jedoch seit vielen Jahren völlig abgelöst und die Arbeitszeit wesentlich verkürzt.

Vor nichts hatten die Bauern zur Zeit der Heuernte mehr Angst als vor schlechtem Wetter. Wenn man Regen oder gar heftige Sommergewitter befürchtete, dann eilten alle auf die Wiesen und rechten das ausgebreitete, noch nicht trockene Heugras so schnell es ging zu großen Kegeln zusammen, um es vor Nässe zu schützen. Oft erreichten diese Kegel eine Höhe von knapp zwei Metern.

Für das Kegeln hat(te) die Mundart verschiedene Namen: Es hieß in Teilen des Gebietes *kejeln* oder *offkejeln*, in anderen *Haufe*, *Hauste mache* oder *des Ha off Heuchel setze* oder *heucheln*.

War die Regenfront abgezogen, dann breitete man das Heugras wieder gleichmäßig auf der Wiese aus. Es hat nach den Berichten unserer Gewährsleute Jahre gegeben, in denen man mehrmals kegeln musste und das Heu doch nicht retten konnte. Die große Feuchtigkeit hatte es verdorben. Blieb das Wetter aber gut, dann fuhr man das duftende Heu zufrieden auf dem großen Erntewagen nach Hause.

e) Einfahrt des Heus

Es war ein besonderes Ereignis im bäuerlichen Alltag, wenn der große Erntewagen, der Leiterwagen, zusammengesetzt wurde. Jedes Teil hatte seinen mundartlichen Namen, den alle im Dorf kannten. Der vierrädrige große Erntewagen bestand aus dem Untergestell und den verschiedenen Aufbauten. Beim Untergestell unterschied man das Rad und die Achse, das Vordergestell, die Zugvorrichtung, das Hintergestell und die Bremsen. Zu den Aufbauten für den Heu- und Getreidewagen gehörten vor allem die Leitern, der Wies- oder Heubaum, das Erntetuch u. a.

Ich nenne einige der wichtigsten Einzelteile: Da waren die *Leuchse* (*Liese* u. ä.) und die *Runge*, zwischen denen der *Leuchsenring* hing, in dem der *Leiterbaum* (*Laarerbaam*, *Leererbeem*, *Ledderbaam* u. ä.) lag. Da gab es die *Langwitt*, in Teilen des Nieder- und Osthessischen sagte man *Lamber*, an deren beiden Enden Vorderarm und Hinterarm befestigt waren und die das Vorderteil mit dem Hinterteil des Wagens verband. Der Teil des Vorderwagens, in dem die *Rungen* steckten, hieß *Schemel* (*Schimmel*). Die Mundarten Hessens kennen noch viele andere Namen, meist in kleinräumigen Gebieten, für diesen Wagenteil.

Wichtig war das Schmieren der Wagenachsen mit *Waaschmeer* ‚Wagenschmiere'. Zuletzt banden manche das *Waaduch* ‚Wagentuch' an den Leitern fest und breiteten es auf dem Boden aus. Jedoch benutzten es bei weitem nicht alle Bauern in unserem Gebiet, im Gegensatz zur gewohnten Arbeit bei der Getreideernte. Schließlich schmierte man die Tiere mit *Franzuseöl* (sog. „Franzosenöl", einer durchdringend riechenden Flüssigkeit) ein, um sie vor den Fliegen und Mücken, den *scheele Flie* ‚Stechmücken', zu schützen. Die waren für Mensch und Tier eine schlimme Plage, ihre Stiche hinterließen dicke, juckende Quaddeln. Die Tiere, auf deren Körper meist dicke Fliegenschwärme saßen, schlugen oft wie wild um sich. Meist stand ein Kind beim Aufladen bei ihnen, um sie zu beruhigen.

Auf den Wiesen hatten meist die Frauen das trockene, duftende Heu zu Reihen oder hohen Kegeln zusammengerecht. Wenn der Bauer mit den Tieren und dem Erntewagen eingetroffen war – er kam meist erst später, damit das Aufladen sofort beginnen konnte –, dann arbeitete man nach einer strengen Arbeitsteilung. Der stärkste Mann, in kleineren Betrieben gewöhnlich der Familienvater oder der heranwachsende Sohn, gabelte das zusammengeharkte Heu auf den Wagen. Aber auch eine andere Arbeitsteilung konnte vorkommen. Auf dem Wagen nahm es eine zweite Person, meist eine Frau, die Mutter oder die heranwachsende Tochter, in Pferdebetrieben auch eine Magd oder ein Knecht, in Empfang. Zuerst gabelte man das Heu zwischen die Leitern im vordersten und hintersten Teil des Wagens. Damit die Ladung festen Halt bekam und nicht herausbrechen konnte, drückte die „Packerin" (der Packer) diese Last fest zusammen. Dann wurde der verbliebene Raum in der Mitte bis zum Abschluss der Leitern aufgefüllt und fest zusammengetreten. Wenn man nun weiter lud, musste die „Packerin" (der Packer) besondere Geschicklichkeit, Kraft, ja auch Wagemut entfalten.

War dann alles Heu auf den Wagen gegabelt, gleichmäßig verteilt und festgedrückt, dann musste die Ladung sorgfältig befestigt werden. Das geschah mit dem *Wiesbaum*, in Teilen des Westmitteldeutschen hieß er auch *Heubaum* (*Haabaum*, *Haaboom* u. ä.). Das war ein glatter, langer Stamm mit einer tiefen Rille an der Spitze. Der Bauer hatte ihn das Jahr über in der Scheune aufbewahrt. Dieser Stamm wurde jetzt in gemeinsamer Anstrengung nach oben auf den Wagen geschoben. Vorne und auch hinten band man ihn mit Seil und Kette an den Leiterholmen fest. War die Ladung auf diese Weise vor dem Abrutschen gesichert, dann rechte man den Wagen noch einmal vorsichtig ab, um ihm ein besonders schönes Aussehen zu geben und lose Heuteilchen zu entfernen. Der Heurest wurde unter den Heubaum geklemmt.

Hatte man gut gearbeitet, dann brauchte man keine Angst vor der Heimfahrt zu haben. Auf schlechten Feldwegen konnte nämlich eine ungleichmäßige Ladung vom Wagen rutschen. – Aus dem Nordosten unseres Gebietes berichtet ein Gewährsmann:

Wer den Heuwagen schebb (schief) *geladen hatte oder wer so liederlich gearbeitet und die Ladung so schlecht befestigt hatte, dass das Heu unterwegs auf den Boden rutschte oder der ganze Wagen umfiel, der war dem Spott des Dorfes ausgesetzt.*

Daheim erwartete einen eine besonders schwierige Arbeit, bei der auch die Kinder beteiligt waren. Der Wagen musste abgeladen werden. Das war in der stickigen Luft der Scheune besonders anstrengend. Gelagert wurde das Heu auf dem Heuboden, der meist über dem Stall lag. Auf dem Wagen stand ein Mann und gabelte Bündel um Bündel des zusammengetretenen Heus auf die *Heubühne* ‚Heuboden', dort stand dann ein zweiter und beförderte es weiter auf den langsam wachsenden Heuberg. Damit jeder Winkel ausgenutzt werden konnte, mussten die Kinder das Heu zusammentreten. Sie benutzten auch die Hände, um das ihnen zugegabelte Heu in jeden freien Winkel weiter zu befördern und es dort zusammenzutreten. Sie sprangen mit voller Körpergewalt auf die zugereichten und zum Teil von ihnen in die entferntesten Ecken und Dachschrägen gestopften Heubündel. Die mundartlichen Ausdrücke dafür hießen *dengeln* oder *dammeln*.

Ich selbst erinnere mich daran, wie wir uns besonders in der schlechten Zeit nach 1944/45 freuten, helfen zu können: denn wer tüchtig *dammeln* oder *dengeln* half, der bekam am Schluss gut zu essen und zu trinken. Zwar stachen uns die Heustängel ins Gesicht, in die nackten Arme und Beine, aber daran gewöhnten wir uns. Manchmal schrie auch ein Freund auf, wenn ihm *Haahibber* ‚Heuhüpfer' (Heuschrecken), die überall herumhüpften, über Gesicht und Arme liefen und sprangen oder einer ihm gar in den vor Aufregung offen stehenden Mund hüpfte. Aber das Insekt wurde einfach ausgespuckt, und die anstrengende Arbeit ging unter Schreien und Lachen weiter. War die letzte Fuhre untergebracht, dann wurden alle Helfer gut bewirtet. Erwachsene und Kinder bekamen Eier mit Speck oder (und) Hausmacherwurst, zum Trinken gab's Bier, Schnaps oder auch *Staubwein* für die Großen, für die Kinder Himbeersaft, *Quatsch* sagte man in manchen Gebieten.

f) Der moderne Ladewagen

Inzwischen hat sich auch diese Arbeit völlig gewandelt. Es gibt seit vielen Jahren Maschinen für jede Tätigkeit. So ist seit längerem der moderne Ladewagen bekannt. Er ist nach einer Idee des Landwirts Weichel aus Württemberg entwickelt worden und kann von der Seite, nicht mehr nur von unten – wie Jahre zuvor – das Heu aufnehmen. Das auf den Plattformwagen aufgenommene Ladegut (also auch das Getreide) kann durch eine Fördereinrichtung sehr schnell von einem zum anderen Ende des Wagens transportiert werden. Dadurch ist ein rasches Nachladen möglich. In drei bis fünf Minuten wird der Wagen von nur einer auf dem Traktor sitzenden Person beladen und ist nach dieser kurzen Zeit transportfähig: eine ungeheuere Erleichterung des Arbeitens.

Auch das mühevolle Abladen, wie wir es geschildert haben, gehört längst der Vergangenheit an. Zunächst erleichterten der Heuaufzug, seit einiger Zeit das Heugebläse das Arbeiten. Was ein ganzes Arbeitsteam in anstrengender, äußerst mühsamer Tätigkeit früher in etwa zwei Stunden zu leisten vermochte, das kann ein Gebläse heute in zehn Minuten oder noch schneller erbringen.

g) Die Grummeternte

War das Gras nach der Heuernte so weit nachgewachsen, dass man es erneut mähen konnte, dann begann der zweite Grasschnitt, die sog. Grummeternte (ca. Ende August, Anfang September). Alle Arbeiten, die wir bei der Heuernte beschrieben haben, wurden ein zweites Mal durchgeführt. Das feuchte, grüne Gras war jetzt niedriger, der Ertrag der Ernte dadurch geringer. Das Gras brauchte längere Zeit zum Trocknen, da die Sonneneinstrahlung im Spätsommer ja nicht mehr so intensiv wie zur Heuzeit war. So hieß es in Teilen unseres Gebietes *Des Gremmet muss mer off'm Reache dorr mache* ‚auf dem Rechen zum Trocknen oft wenden', *weil der Burre ohziggt* (‚anzieht', d. h. der Boden wird feucht: die Sonne brennt nicht mehr wie bei der Heuernte). Wieder war das Gabeln meist Männerarbeit, das Laden dagegen besorgten die Frauen. Das Abladen galt auch bei dieser Erntearbeit als der anstrengendste Teil. Das fertige Grummet wurde in der Scheune meist auf das Heu abgelagert, daher setzte man den verbliebenen freien Raum unter dem Scheunendach noch ganz zu. Dabei war es erneut die Aufgabe der größeren Kinder, die Bündel in Empfang zu nehmen, in die Schrägen und Winkel zu verfrachten und gut festzutreten. Oft stießen sie im Eifer ihrer wichtigen Aufgabe mit den Köpfen an die Scheunenbalken. Das gab natürlich dicke, schmerzhafte Beulen, an die sich manche Leute noch erinnern können.

Auf eine wichtige Entwicklung der Gegenwart haben unsere Gewährsleute schließlich immer wieder hingewiesen. Früher war eine der wichtigsten Arbeiten des Bauern im Jahresablauf die Heu- und die Grummeternte, wie wir sie beschrieben haben. Sie lieferte die seit Jahrhunderten einzige Möglichkeit, Gras im getrockneten Zustand das ganze Jahr über haltbar zu machen. Ohne dieses Ganzjahresfutter hätte man die Tiere im Winter nicht ernähren können.

Eine wichtige Entwicklung hat sich in der jüngsten Vergangenheit vollzogen. Man kann ergänzend zum Heu **Silagefutter**, d. h. Gärfutter, verwenden. Die Bauern ernten es mit großen Mähhäckslern, und zwar dann, wenn es sich im Zustand der so genannten Milchreife befindet, aus Mais oder Getreide. Außerdem ist es möglich, angetrocknetes Gras, das man unter einer Plastikfolie durchgären (silieren) lässt, auch im Winter zu verwenden: wieder ein Beweis für die rasante Entwicklung in diesem Bereich des modernen bäuerlichen Arbeitens.

Ein alter Bauer, 91 Jahre alt und geistig noch sehr wach, meinte dazu: *Mer lernt aach en de Äll* ‚im Alter' *jeden Doag was Naues* ‚etwas Neues' und *Mer lernt was Naues enn vergisst des Ahle doch nitt*: Heu und Grummet, so meinte er damit, ergänzen sich heute in sinnvoller, vorbildlicher Weise mit dem modernen Silagefutter.

h) Heu und Grummet in der Geschichte – Herkunft der Wörter „Heu" und „Grummet"

Interessant ist ein kleiner kulturhistorischer Exkurs: Der erste Grasschnitt, das Heu, ist schon seit der Antike bekannt und belegt. Den zweiten Grasschnitt, eben unser Grummet, kannten die Römer ebenfalls, er war aber in Mitteleuropa zur Karolingerzeit (ca. 800) wahrscheinlich unbekannt. Nach dem Deutschen Wörterbuch der Brüder Grimm (Band 4, Sp. 637) ist die Grummeternte erst seit dem 13. Jahrhundert in Deutschland belegt. Unterschiedlich war und ist auch die Benennung. Die germanischen Sprachen und auch die deutschen Dialekte kennen für *Heu* nur ein gemeinsames Wort (in verschiedenen Lautformen): im Althochdeutschen gilt *houwi, hewi*, im Gotischen *hawi* u. a. Diese Bezeichnung hat die Grundbedeutung ‚das Gehauene' (Abgeschnittene). *Grummet* jedoch hat, besonders in den deutschen Mundarten, unterschiedliche Namen, einmal *Grummet* selbst, dann *Nahmaht, Öhmd*, das spätalthochdeutsch als *âmad* belegt ist und das ‚wegbefördertes Gemähtes' bedeutet. Außerdem erscheinen u. a. *Ettgrön, Nohheu, tweeder Schnitt*.

In Hessen gelten neben *Grummet* vor allem *Amahd*, das besonders aus dem äußersten Süden und Norden gemeldet wurde. Seine mundartlichen Lautformen sind *Omeden, Oomaaden, Umeden* und *Oomed*. Verstreute Belege sind noch *Aftergrummet, Aftermahd, zweite Mahd* und *zweite Schur*. Im Hinterland erscheint *Grummet* mit Lautverschiedenheiten wie *Gremmet, Grommet* u. a. Diese Benennung geht auf mittelhochdeutsch *Gruonmaht* zurück, das auf den germanischen Wortstamm *gro* ‚wachsen' verweist (vgl. z. B. das englische *grow* ‚wachsen', ‚gedeihen'). *Grummet* bezeichnet also das „Abmähen des nach der Heuernte wieder nachgewachsenen Grases", und daraus erweiterte sich die Bedeutung auf die gesamte Ernte und den Ernteertrag.

Zum Schluss dieses Kapitels noch ein kurzer Blick auf die Idiomatik. Das Wort *Heu* kommt in vielen Sprichwörtern, Redensarten und anderen Wendungen vor. Hier nur eine kleine Auswahl: *Erscht mache mer Haa, dann erscht Gremmet* heißt es ablehnend, wenn um die jüngere Tochter zuerst angehalten wird. *Steck den Huinger* ,Hühnern' *Haa off*: (Aufforderung, etwas Sinnloses zu tun). *Wer das Heu nicht hält gleich, wird sein Lebtag nicht reich*: Heu muss gleichmäßig vom Heuhaufen in der Scheune gerupft, es darf nicht heruntergeworfen werden, weil sonst zu viel genommen wird. Eine solche Aufforderung zur Sparsamkeit kommt noch in vielen anderen Sprichwörtern vor.
Noch einige Wendungen aus der großen Zahl der Belege:

- *En Peaner ohne Fraa* ,Pfarrer ohne Frau' *ist wie e Scheuer ohne Haa*.
- *En aale Mann unn e jonge Fraa gett keen Waa voll Haa* ,das tut nicht gut'.
- *Der eine will Heu, der andere Stroh* ,sie stimmen nicht überein'.
- *Der hat's letzte Heu auf der Raufe* (*Raaf*), *der macht kein Heu mehr* ,stirbt bald'.
- *Wer beim Haa net gowwelt* ,gabelt' / *Unn bei der Ernte net zawwelt* ,schnell arbeitet' / *Unn morjets nett froih offstitt* / *Muss zousieh, wäi's em Wenter gitt* ,Wer im Sommer nicht fleißig arbeitet, wird für seine Faulheit im Winter büßen'.

4. Rund um das Getreide

a) Die Wörter „Getreide", „Frucht" und „Roggen"

Getreide, die wichtige Sammelbezeichnung in der deutschen Hochsprache für alle Körnerfrucht, ist ein altes Wort. Es kommt schon im Althochdeutschen, jener ersten berühmten Periode unserer Sprache zwischen 800 und 1100, vor. Das Wort hieß damals *gitrigida*, *gitregida* und bedeutete ,(landwirtschaftliche) Einkünfte', ,Ertrag' und ,Besitz'. In den heutigen Mundarten gilt das Wort *Getreide* für die gesamte Körnerfrucht nur noch im Ostmitteldeutschen, also in Thüringen, Sachsen und östlich davon, auch im größten Teil des Bairischen (als Mundartbezeichnung mit *ai* statt *ay* geschrieben). Im Norddeutschen und in Südwestdeutschland dagegen erscheint *Korn* für ,Getreide', im Westmitteldeutschen hat sich schon lange *Frucht* (*Fricht*) für ,Getreide' durchgesetzt.

Wir kennen und gebrauchen in Hessen also nur *Frucht* (*Fricht*) für Getreide. Wenn unsere Bauern sag(t)en, *Gesten huu mer mit dem Frichtabmache aagefange* (*oogefange*), dann bedeutete das: Gestern haben wir mit der Getreideernte begonnen.

Noch etwas anderes sollte in diesem Zusammenhang erwähnt werden, nämlich die unterschiedlichen Bezeichnungen für den Roggen in den deutschen Mundarten. In Norddeutschland und im schwäbisch-alemannischen Bereich hat sich das Wort *Roggen* für die wichtigste Brotfrucht der Deutschen, den Roggen, bis heute erhalten. Im gesamten mitteldeutschen Sprachgebiet – damit auch in Hessen – und im größten Teil des Bairischen wurden der Name *Roggen* jedoch durch die heute noch gültige Bezeichnung *Korn* ersetzt, und zwar schon im 13. Jahrhundert.

Der Satz *Dis Johr stiht die Fricht gout* ‚gut', *nur des Korn kinnt besser sai* bedeutet also: Dieses Jahr gedeiht das Getreide gut, nur der Roggen könnte besser sein.

b) Aussaat des Getreides

Wie sah (sieht) nun die Arbeit rund um Getreideaussaat und -ernte aus? Zur *Frucht* (*Fricht*), die bei uns angebaut wird (wurde), gehören neben dem *Korn* noch der *Weizen*, die *Winter*- und die *Sommergerste* und der *Hafer. Korn*, *Weizen* und *Wintergerste* wurden im Herbst, *Hafer* und *Sommergerste* im Frühjahr gesät.

Das *Korn*, der Roggen also, wurde vor allem auf den abgeernteten Kartoffelflächen ausgesät. Kaum war die Kartoffelernte zu Ende, so pflügte man die Äcker um. Kinder oder Frauen gingen hinter dem Pflug her, sie lasen die Kartoffeln auf, die beim *Kartoffelausmachen* im Boden stecken geblieben waren.

Kulturgeschichtlich bedeutsam ist die Entwicklung des Pfluges, auf die ich in diesem Zusammenhang kurz eingehen will. Im frühen Mittelalter benutzte man den Hakenpflug, er wurde dann im 15. Jh. vom Scharpflug abgelöst. Die großen landwirtschaftlichen Museen in unserem Land haben meist, didaktisch sehr geschickt, diesen wichtigen landwirtschaftlichen Gegenstand der bäuerlichen Arbeitswelt dargestellt, z. B. das Hessische Freilichtmuseum. Der Scharpflug wurde im Laufe der Jahrhunderte zwar verbessert, er behielt aber seine Grundkonstruktion, vor allem als Holzgestell, das vom Kuhbauern benutzt wurde, und zwar bis in die Mitte des 20. Jahrhunderts. Die Eisenausführung des Scharpflugs, die vor allem von den Pferdebauern angeschafft wurde, war dann vom Ende des Ersten Weltkrieges bis in die sechziger und siebziger Jahre im Gebrauch. Er wurde dann abgelöst von dreischarigen Beetpflügen. Dann folgten rasch danach die sechs- bis siebenscharigen Volldrehpflüge. Und wer von uns in den letzten Jahren mit offenen Augen und Ohren durch die Felder unseres Bundeslandes gewandert ist und die Bauern bei der Arbeit beobachtet hat, der konnte staunend den großen Raupenschlepper sehen, der in kurzer Zeit mit Hilfe einer kombinierten Scheibenegge und einer Ringelwalze große Flächen an Stoppelfeldern bearbeitet. Und schließlich ist noch der Großschlepper zu nennen, der meist ohne Pflug, nur mit Grubber, Fräse, Scheibenegge und Ringelwalze den Boden für die Aussaat vorbereitet.

Doch kehren wir zur Kartoffelernte zurück. Nach dem eigentlichen „Kartoffelausmachen" wurde der Boden zur Vorbereitung für die „Fruchteinsaat" bis in die Mitte des 20. Jahrhunderts, z. T. noch danach mit dem hölzernen oder eisernen Scharpflug umgeackert. Die meist von einer Frau oder einem größeren Kind eingesammelten Kartoffeln hießen *Lesekartoffeln*. Nach dem Umackern wurde der Boden geeggt, und das abgeerntete Kartoffelland wurde für die *Kornsuet* ‚Kornaussaat' vorbereitet. Bei günstigem Wetter sah man den Bauern mit umgebundenem weißem Sätuch vorsichtig in immer gleichen Abständen übers Feld schreiten und mit der Hand möglichst gleichmäßig die Körner auswerfen (verteilen). Die Aussaat des Getreides konnte auch aus einer vor den Bauch gebundenen Blechschüssel oder aus einem hölzernen, meist aus Buchenholz bestehenden Hohlmaß, der *Meste*, erfolgen.

Das *Korn-* und das gesamte *Frichtsäen* war eine schwierige Arbeit. Hatte man ungleichmäßig gesät, dann blieb der Spott der Nachbarn nicht aus. Dieses Bild des säenden Landmannes steht den Älteren noch genau vor Augen. Es ist in der Dichtung, der Malerei, in der Bildhauerei immer wieder dargestellt worden. Ein bekannter Wissenschaftler meint:

„Bis auf den heutigen Tag ist die Darstellung des mit dem Sätuch über den Acker schreitenden Landmannes ein Sinnbild für die nahrungsschaffende Arbeit des Bauern. So uralt und eindrucksvoll diese Vorstellung auch sein mag, immer mehr ist sie durch die Entwicklung der Technik in eine symbolische Bedeutung zurückgedrängt worden. Der Mensch hat ursprünglich jedes einzelne Saatkorn von Hand in den Boden gelegt. Ein Säverfahren von hoher Genauigkeit, aber so arbeitsaufwendig, dass es heute nur noch bei Sonderkulturen oder dort, wo Arbeitskräfte im Übermaß vorhanden sind, Anwendung findet. In der Landwirtschaft aber, als urbar gemachtes Land in größeren Flächen bebaut werden sollte, ergab sich zwangsweise die arbeits- und zeitsparende regellose Aussaat mit der Hand im freien Wurf aus dem Sätuch."

Mit dem Aufkommen der Sämaschine ist das Bild langsam geschwunden. In Hessen mit den vielen kleinen bäuerlichen Betrieben, in denen sich die Anschaffung der teuren Sämaschine nur bei den Pferde- und den größeren Kuh- oder Ochsenbauernbetrieben lohnte, ist das Handsäen bis in die jüngste Vergangenheit hier und da jedoch noch ausgeübt worden. Bei der Anschaffung der Sämaschinen entschied man sich meist für eine von Pferden gezogene Drillmaschine, bei der die Körner aus dem Säkasten durch ein Rührwerk in die Vorräume bewegt wurden. Hier wurden sie von Schöpfrädern erfasst und zu den Säscharen geführt. Die Entwicklung der Sämaschine ist in der agrarwissenschaftlichen Forschung im Detail herausgearbeitet worden, z. B. von Max Hupfauer und Klaus Herrmann. Die jüngste Phase der Entwicklung ist zielstrebig und höchst erfolgreich verlaufen.

„Fachleute pflegen von einer ‚Wandlung im Stillen' zu sprechen. Der Übergang vom Gespann zum Schlepperbetrieb erforderte bei vielen Drillmaschinen nur einen Umbau der Anhängevorrichtung. Dabei wurde zugleich auf den mit einer Zusatzlenkung versehenen Vorderwagen verzichtet. Der Schlepper konnte genauer gelenkt werden als das Tier. Nach und nach wurde ferner die fortwährende Kontrolle der Drillschar überflüssig. Verstopfungen, wie sie beispielsweise vorkamen, wenn beim Zurücksetzten der Drillmaschinen Erde in die Öffnungen geriet, wurden durch das Anbringen von Pendelstutzen vermieden. Sie verhindern durch rechtzeitiges Verschließen der Drillschar ihr Zusetzen mit Erde. Wie sehr die Drillmaschine, obschon äußerlich nur geringfügig verändert, im Detail verbessert wurde, deutet die durchaus mögliche Drillgeschwindigkeit von 14 km/h an. Damit ist der Saatvorgang viermal schneller zu bewerkstelligen als noch zur Zeit des Gespannbetriebs. Doch höhere Geschwindigkeit bei gleichzeitiger Verdoppelung der Arbeitsbreite sind nicht die einzigen Kennzeichen des neuzeitlichen Säens geblieben. Weit wichtiger noch erscheint der Wechsel von den Einzelgeräten zu den Gerätekombinationen. Man findet heute Maschinen, mit denen in einem Arbeitsgang gegrubbert, geeggt und gesät werden kann, ohne dass darunter die Arbeitsqualität leidet. Positiv fällt ferner auf, dass diese Gerätekombinationen nur etwas mehr als ein Drittel des Anschaffungspreises für die drei getrennten Maschinen kosten.“ (Herrmann, S. 233 f.).

c) Die Getreideernte

Wenn sich die Hoffnungen des Bauern, die er schon bei der Aussaat hatte, erfüllten, wenn kein Unwetter die Halme auf dem Boden platt gedrückt oder wenn es keine lange Regenzeit gegeben hatte, die einen guten Ernteertrag in Frage stellte, dann begann im Hochsommer die Ernte. Vorher jedoch freuten sich alle im Dorf und auch die wenigen Bauern in der Stadt über das leichte Wogen der Getreidefelder. Wenn der Wind die Halme bewegte, dann sahen die Felder aus, als ob leichte, kräuselnde Wellen ihr immer währendes Spiel von Entstehen und Verebben zeigten. Die Mundart hat viele Ausdrücke für diese Erscheinung, die landauf, landab in der Zeit kurz vor der Getreideernte zu sehen war. Da hieß es: *Der Wind geht durch's Korn; die wilden Säue machen durch's Korn, durch die Ähren, sind im Korn.*

Jetzt wurden die Ähren gelber, das Getreide reifte schnell. Dichter haben dieses Bild gerne beschrieben, Maler haben es dargestellt, das Bild der reifen Kornfelder mit den vielen gelben Ähren, den kleinen bunten Farbflecken von Kornblumen, Klatschmohn und Kornrade mittendrinnen. Jetzt musste der Flurschutz besonders Acht geben, dass in den Getreidefeldern kein allzu großer Schaden entstand. Kinder, aber auch Erwachsene liefen nämlich gerne in die Kornfelder, um die blauen Kornblumen zu pflücken und nach Hause mitzunehmen.

Zuerst wurde nun die Wintergerste gemäht. Allerdings wurde sie meist nur von den größeren Bauern angebaut, die sie als Viehfutter brauchten. Dann begann man mit dem Mähen des Roggens; vor allem wurde dieses *Korn* in unserem Raum angebaut, denn es war ja das wichtigste Brotgetreide.

Dazu ein kleiner historischer Exkurs: Schon seit langem hat sich nicht nur bei der Heu- und der Grummeternte, sondern auch bei der Getreideernte die arbeitssparende Sense gegen die Sichel als das wichtigste Erntegerät durchgesetzt, allerdings beim Getreide zuerst nur beim Hafer und bei der Gerste. Bei diesen beiden Getreidearten saßen die Körner viel fester an den Ähren als bei Roggen und Weizen. Bei *Korn* und *Waas* ‚Weizen' hat man dann schließlich mit einigem Erfolg erreicht, den hohen Körnerverlust beim Schneiden der Frucht zu verringern. Dazu diente zunächst die Erfindung des *Reffs*. In der Mundart unserer Region wurde für das *Reff* als Bedeutung angegeben: ‚Fangvorrichtung am Sensenbaum' und auch ‚Sense mit solcher Fangvorrichtung': Schon in der frühen Neuzeit hat man ein solches Gerät erfunden, um die abgeschnittenen Halme ordentlich ablegen zu können. In der Zeit, an die sich unsere ältesten Gewährsleute der zwanziger Jahre des 20. Jahrhunderts noch erinnern konnten – also an die Zeit vor und um die Jahrhundertwende – hatte sich ein wichtiger Wandel vollzogen. Denn vorher hatte man trotz der Erfindung des *Reffs* das Problem des Körnerverlustes bei Roggen und Weizen noch nicht ganz zufrieden stellend lösen können. Da kam man auf den Gedanken, das Getreide in noch nicht ausgereiftem Zustand zu mähen und dann ausgebreitet auf dem Boden ausreifen und trocknen zu lassen. Man musste es, wie es in der Mundart hieß, *auf Breiten, auf Haufen, auf Gelecke legen* u. ä. Das brachte den erwünschten Erfolg. Die Sensenmahd veränderte das Ernteverfahren aber sehr schnell weiter, sodass es bald nicht mehr nötig war, das Getreide weiter auf *Haufen* zu legen; das geschah jetzt bis zum Einsatz der Mähdrescher nur noch bei dem Hafer.

Die Sensen waren für die Zeit, die wir nach den Berichten unserer Informanten gut kennen, wie bei der Heuernte *gedengelt* (*gehart*) worden. Der Schnitter, der das *Schlotterfass* ‚Wetzsteinbehälter' umgebunden hatte, schnitt das Korn so sorgfältig, dass es auf den zur linken Seite noch stehenden Halmen lag. Diese Technik, die man mit größter Sorgfalt schon den jugendlichen Mähern beibrachte, hatte sich in der letzten Zeit der Sensenmahd zufrieden stellend durchgesetzt. Dann hob ein Zweiter – meist eine Frau oder ein größeres Kind – mit der Sichel in der rechten Hand so viel von den abgeschnittenen Kornhalmen auf, dass es für eine Garbe ausreichte. Man legte dieses Garbenbündel auf ein Kornseil, das auf der Erde ausgebreitet worden war. Dieses „Strohseil zum Garbenbinden" konnte das einfache, aber auch das aus zwei Halmlängen zusammmengeknüpfte, also verlängerte Seil bedeuten. Neben *Strohseil* stehen sich noch zahlreiche andere Benennungen gegenüber: *Lendseil*, *Windseil*, *Wiede* u. a.

Schon in den zwanziger Jahren des letzten Jahrhunderts waren die alten mundartlichen Benennungen durch *Strohseil* immer mehr zurückgedrängt worden, heute sind sie nur noch einigen Alten bekannt.

Die Korngarben wurden meist oben und unten gebunden. Manche Arbeitsteams richteten es so ein, dass sie erst eine ganze Ackerfläche abmähten und das Getreide garbenweise auf den Boden legten und erst in einem zweiten Arbeitsabschnitt die Garben banden und zu Kornhaufen zusammenstellten. Diese Haufen hießen *Heuchel* (*Hichel*, *Häichel*) oder auch *Hausten*. Manchmal trugen sie zum Schutz vor Regen noch eine von oben aufgestülpte Garbe, einen *Hut*. *Hausten* ist ein altes fränkisches Wort, das sich aus *huufe* ‚Haufen' herleitet. Es wird auch vom DWB (4, 691 f.) angeführt, es ist auch im Niederländischen belegt als *Huyst van Koren* ‚Haufen von Korn'. Neben *Hausten* und *Heuchel* kommt in einigen Gebieten auch *Reuter* vor, das als Lehnwort zu lat. *rupta* zu stellen ist. Diese Haufen bestanden aus neun oder zehn Garben. Doch gab es Differenzierungen im gesamten Gebiet. Es war im Ganzen eine schwere Tätigkeit: das Mähen, das Aufheben, das Binden und das Aufstellen. Am Ende der Arbeiten rechte man dann mit dem großen, eisernen Getreiderechen die auf dem Boden liegen gebliebenen Halme noch zusammen, bündelte sie und stellte sie zu den schon stehenden Kornhaufen. Nichts sollte verloren gehen. Man musste schnell und zügig arbeiten, damit man mit dem Schnitt bald fertig war. Die zu Haufen zusammengestellten Garben sollten schnell trocknen. Denn die Bauern hatten Angst vor sommerlichen Unwettern. Wenn da der Arbeitsrhythmus, wodurch auch immer, gestört wurde, dann konnte das schlimme Folgen haben.

Nachdenklich stimmen uns in diesem Zusammenhang Darstellungen einiger alter Gewährsleute:

Etwa bis zur Jahrhundertmitte hat kaum jemand in unserem Dorf Unkrautvernichtungsmittel gekannt. Mit der Hacke sind wir immer durch die langsam höher werdenden Reihen von Kartoffeln, Rüben, Dickwurz und Kohl gegangen und haben nicht nur die Disteln, sondern auch die vielen anderen Unkräuter, die zu unserem Leidwesen schnell wuchsen, ausgerupft. Beim Korn war die Freude groß, wenn es schneller in die Höhe schoss als die vielen unerwünschten Kräuter wie Rade, Durt, Wicken, Disteln u. a. Aber es war nicht möglich, sie ohne chemische Mittel ganz zu vernichten. Allerdings wurde das Korn sehr schnell länger. Zur Erntezeit, wenn es zum Kornabmache ging, dann hatten wir Angst vor dem Aufheben und dem Binden der Garben. Die Disteln vor allem haben uns die Arme zerkratzt, auch beim Beladen und Abladen des Erntewagens. Meine Schwester und ich haben öfter vor Schmerzen geweint, wenn Gesicht und Arme bluteten.

Diese Probleme schwanden im Laufe des 20. Jahrhunderts: Solche Schmerzen waren ausgestanden. Durch die „chemische Keule" sind die Unkräuter weitgehend ausgerottet worden. Und mit den modernen Möglichkeiten des Pflanzenschutzes ist es heute leicht zu erreichen, viele so genannte „Konkurrenzpflanzen", viele Unkräuter im Roggenfeld auszumerzen. Aber eine gewisse Skepsis bleibt, wenn man an die ökologische Frage denkt, an die Probleme, die mit der „chemischen Keule" oder, wie man auch formuliert, mit der „chemischen Sense" verbunden sind. – Außerdem werden Garben schon seit Jahrzehnten nicht mehr gebunden.

Doch zurück zum Arbeitsrhythmus rund um das Getreide: Die zum Trocknen in Haufen zusammengestellten Garben brauchten eine Reihe von Tagen, bis sie nach Hause gefahren werden konnten. Die Älteren haben das Bild der Spätsommerlandschaft mit den vielen Getreidehaufen noch deutlich vor Augen. Überall an den Berghängen, in den Tälern konnte man sie noch Jahre nach dem Zweiten Weltkrieg sehen, die *Haufen* (*Heuchel*) oder *Hausten* aus Korn, aus Gerste, aus Weizen, aus Hafer u. a. Eine Informantin aus dem Altkreis Biedenkopf erzählte uns, dass ihr Zeichenlehrer Lichtblau von der Freiherr-vom-Stein-Schule in Gladenbach mit seiner Klasse in den frühen 1950er Jahren zum Unterricht mit den Schülerinnen und Schülern öfter mal nach draußen gegangen sei und die Landschaft mit den Getreidehaufen von den Kindern habe zeichnen lassen. Ähnliches wurde uns von Schulen aus anderen Teilen des Hessenlandes berichtet. Auch Künstler haben dieses Motiv gerne benutzt, z. B. der bekannte Maler Karl Lenz (gest. 1950) aus Gladenbach-Erdhausen.

Nach dem Trocknen wurde das Getreide mit dem Leiterwagen, der von der Heuernte her noch aufgebaut auf dem Hofe stand, nach Hause gefahren. Jetzt benutzte jeder das weiße Wagentuch. Es wurde sorgfältig auf dem Boden ausgebreitet, an den Leitern und Leiterholmen befestigt. Das Tuch sollte verhindern, dass kostbare Körner vom Wagen auf den Boden fielen. Das Beladen des Wagens war – ebenso wie das Heu- und Grummetladen – nicht ganz einfach. Hin und wieder ist eine Ladung zum Gespött der Dorfbevölkerung zu Boden gerutscht. Die Erntewagen wurden in die Scheune gefahren und sofort abgeladen; die Körnerfrucht verblieb dort bis zum Dreschen.

Wieder wurde jeder Raum in der Scheune bis unter die Dachbalken benutzt, besonders bei einer guten Ernte war das nötig. Und wieder mussten die älteren Kinder, wie bei der Heu- und Grummeternte, beim Abladen helfen. Sie hatten die Garben in die letzten kleinen Ecken unter der Dachschräge abzulagern. Wenn sich einer beschwerte, es sei kein Platz mehr da, dann antwortete der Bauer meist mit dem einst bekannten, heute geschwundenen Sprichwort: *Es ist keine Scheune so voll, es geht noch eine Sichlong* ‚eine Garbe' *hinein.*

Die kleinen Nebenerwerbslandwirte haben das Getreide nicht wie die größeren Kuh- und die Pferdebauen in die Scheune gefahren, um es nach einigen Wochen hier zu dreschen, sondern es sofort zur Dreschmaschine gefahren, die zur Erntezeit für die *geringe Leure* außerhalb des Dorfes, oft in einer Dreschhalle, stand, und es gleich gedroschen.

Nach den Erntearbeiten rund um Wintergerste und Roggen folgte die Ernte von Sommergerste, Weizen, Futtererbsen und Hafer.

d) Mähmaschine, Flügelmaschine, Selbstbinder, Mähdrescher

Seit der Steinzeit ist das Getreide mit der Sichel geschnitten worden, zunächst mit der Stein-, dann mit der Bronze- und schließlich mit der Eisensichel. Dann kam die Ablösung durch die Sense. Wir wissen nicht genau, wann dieses arbeitserleichternde Ernteverfahren großflächig in Hessen erfolgte. Mit dieser Änderung im Arbeitsleben entstand das klassische Team zwischen Schnittern und Binderinnen oder Bindern. Diese Binderinnen – fast immer waren es Frauen – hoben das Getreide auf, bündelten es, stapelten es auf dem Boden und banden es mit Kornseilen zu einzelnen Garben. Die ausgedroschenen Kornseile waren meist aus dem Stroh der letztjährigen Ernte hergestellt worden. Gewöhnlich hatten sie im vergangenen Winter die Männer gefertigt.

Die Mundart hat verschiedene Bezeichnungen für die Garben: *Sichling* oder *Sichlung* besonders für die Roggen- und Weizengarbe, *Gebond*, *Garbe* u. a. Die Älteren von uns haben das Bild des Schnitters noch vor Augen, der sich mit der Sense in der Hand und dem gebückten Rücken stunden- und tagelang über das Getreidefeld arbeitete und Streifen für Streifen abmähte, gefolgt von den Binderinnen. – Dann kamen die ersten Maschinen, zunächst die Mähmaschinen. Sie revolutionierten die Erntearbeit. Der Mähbalken war an das Fahrgestell montiert, von dem er angetrieben wurde. Völlig neu und von den Zeitgenossen zunächst staunend registriert war die Tatsache, dass die erste Mähmaschine, die von Pferden gezogen wurde, von einem sitzenden Mann gelenkt wurde. Die Mähleistungen, die jetzt erwuchsen, waren 3–5-mal so hoch wie die bei der Sensenmahd.

Die Mechanisierung in der Landwirtschaft hat im 20. Jahrhundert nun auch in der Getreideernte sehr schnell einen großen Umbruch der Arbeitstechnik gebracht. Und zwar vollzog sich die Entwicklung in vier Stufen, die immer intensivere Formen der Mechanisierung und damit immer größere Erleichterungen für die menschliche Arbeitskraft brachten. Zunächst schafften sich die Pferde-, die Ochsen- und die größeren Kuhbauern Mähmaschinen an, die das schwere Sensenmähen ersetzten. Das war etwa in den 1920er Jahren, in manchen Teilen Hessens jedoch früher.

Man hat in der Literatur immer wieder darauf verwiesen, dass die Landbautechnik im 19. Jahrhundert, ja noch darüber hinaus stark von England und besonders von Amerika beeinflusst worden ist. So hat der in Fachkreisen bis auf den heutigen Tag oft genannte John Deere, ein kluger Kaufmann und bedeutender Erfinder, viele arbeitserleichternde Ernte- und Dreschgeräte erfunden oder ihre Konstruktion gefördert und vor allem ihre Produktion ermöglicht. Die erste große Landmaschinenfabrik ist von ihm gebaut worden. Man hat zu Recht öfter bedauernd darauf verwiesen, dass die Bauern in Deutschland noch mit Sense und Reff arbeiteten, als die Farmer in den USA schon lange den Mähbinder benutzten. Erst nach 1918 haben die meisten deutschen Bauern über 10 ha sich zunächst die Mähmaschinen, dann den Mähbinder angeschafft, und sie haben das Getreide mit der Dreschmaschine gedroschen und zu deren Antrieb die Dampfmaschine, also die Lokomobile, benutzt.

Ein kurzer Blick auf die Entwicklung, die von der Agrarforschung in allen Einzelheiten ausgearbeitet worden ist, lässt uns erkennen: Die Mähmaschinen stellen eine große Revolution bei der Getreide- und auch bei der Heuernte dar. Die Zeitgenossen haben die Nutzung immer wieder staunend registriert und herausgestellt. Der wichtigste Teil der Maschine war der Mähbalken, der aus einem gezahnten Messer bestand, das sich zwischen eisernen Stäben oder Fingern, wie man auch formuliert hat, hin- und herbewegte und dabei Getreide oder Heugras wie eine große Schere schnitt. Angetrieben wurde der Mähbalken vom Fahrgestell der Maschine aus, an dem er befestigt war. Und gezogen wurde die Mähmaschine in der ersten Zeit der neuen Arbeitsphase von Pferden. Viele „Ackergäule" waren in dieser ersten Zeit der Industrialisierung also nötig, um die neuen Maschinen zu ziehen. Das änderte sich radikal nach dem Zweiten Weltkrieg. Die Tiere wurden jetzt ersetzt durch selbstfahrende Landmaschinen; z. B. durch die erwähnte moderne Mähmaschine, dann auch durch den Mähdrescher, den Rübenroder, die moderne Kartoffelmaschine, die Schlepper, die nicht nur als Zug-, sondern auch als Antriebskraft für viele Zusatzgeräte wie für die „Generation" der modernen Pflüge benutzt werden konnten. Das große „Pferdesterben" begann, ein seit der Antike andauerndes Zeitalter der Landarbeit ging in ganz kurzer Zeit zu Ende, die Zugtiere – nicht nur die Pferde, sondern auch Ochsen und Fahrkühe – wurden durch die modernen, selbstfahrenden Maschinen verdrängt: ein ungeheurer Triumph des menschlichen Erfindungsgeistes, ein Zeichen der Begabung intelligenter Konstrukteure. Zu den großen Leistungen der praxisorientierten Forscher gehört die Erfindung und die ständige Verbesserung des legendären „Bulldog", der das Arbeitsleben in der Landwirtschaft zwischen den beiden Weltkriegen entscheidend geprägt hat.

Doch kommen wir nach dieser wichtigen „Nebendarstellung" zurück zum kurzen Überblick über die Getreideerntemaschine. Die schon erwähnten, im 19. Jahrhundert in den Vereinigten Staaten konstruierten Flügelableger haben sich dann nach der Erfindung der Mähmaschine bei uns in Deutschland vor allem nach dem Ersten Weltkrieg durchgesetzt. Bei diesen Flügelmaschinen legten rotierende Flügel die geschnittenen Halme über ein Rundblech zu einzelnen Garben gebündelt auf den Boden. Die nächste Entwicklung war die Anschaffung des Mäh- und Selbstbinders. Vom Vorläufer dieser Maschine wurde das abgeschnittene Getreide noch zu Strohbündeln gepresst und anschließend mit einer Kordel umlegt. Nur der Knoten musste noch von Hand gemacht werden.

Es hat noch einige Zeit gedauert, bis der Selbstbinder sich bei uns durchsetzte. Als das geschah, war er noch verbessert worden, und die Landwirte haben ihn dann sofort angenommen. Aber die Entwicklung in der Mechanisierung vollzog sich so schnell, dass bald – und zwar schon in den 1930er Jahren – die ersten Mähdrescher aufkamen. Bis sie sich jedoch endgültig durchsetzten, hat es lange gedauert: vor allem wegen der Kriegs- und Nachkriegszeit, in der die Bereitschaft der Bauern, das „Neue" zu übernehmen, sich nicht realisieren ließ. Heute ist die Getreideernte auch bei uns ohne Mähdrescher undenkbar.

5. Entwicklung des Dreschens

Auch das Dreschen war und ist eines der wichtigsten Ereignisse im bäuerlichen Arbeitsjahr. Der Landwirt erfuhr dabei genau, ob seine Bemühungen um eine ertragreiche Getreideernte sich gelohnt hatten.

Es gab schon seit langer Zeit Versuche, den Dreschvorgang durch Maschineneinsatz schneller und arbeitssparend durchzuführen. Doch erst im 20. Jahrhundert brachten diese Bemühungen den gewünschten großen Erfolg.

Im Einzelnen lassen sich drei Phasen der Entwicklung unterscheiden. Das sind:
- 1. Der Flegeldrusch
- 2. Das Arbeiten mit der Dreschmaschine
- 3. Das Arbeiten mit dem Mähdrescher

a) Der Flegeldrusch

Seit Jahrtausenden hat man die Körner durch Herausschlagen aus den Ähren gewonnen. Das geschah durch mühsames und auch kräftezehrendes Arbeiten mit den eigenen Händen oder mit den Hufen der Kühe. Die Tiere wurden in monotonem Rundgang über das auf dem Boden ausgebreitete Getreide geführt. Dass das bei uns so gewesen ist, darauf verweist auch das Verb *dreskan*: es bedeutet ‚trampeln'.

Den Linguisten dürfte die sprachliche Herkunft des Wortes interessieren: Es leitet sich über mhd. *dreschen*, ahd. *dreskan* von einer vorgermanischen Wurzel *tre-skō ‚lärmend mit den Füßen stampfend' her. Damit verweist es auf eine Dreschform bei den Germanen, die bei ihnen wohl allgemein galt, bevor das römische und das gallische Arbeitsverfahren ihre Einflüsse ausübten: Nach der Geburt Christi hat sich der Dreschflegel durchgesetzt. Er geht wohl auf die geniale Begabung gallischer Konstrukteure zurück.

Die gallischen Bauern waren überhaupt besonders innovativ und bedeutende Erfinder im Bereich des Ackerbaus. So gelten sie auch als gute Wagenbauer. Ackerwagen, die im alten Rom eingesetzt wurden, gingen wahrscheinlich wie der Dreschflegel auf gallische Konstruktionspläne zurück. Der Dreschflegel hat bis ins 20. Jahrhundert, bis zum Beginn des Maschinenzeitalters, einen großen Siegeszug erlebt. Für seine schnelle Verbreitung von der Römerzeit an waren vor allem zwei Gründe maßgebend: Das Material für seine Herstellung, Holz und Leder, war überall vorhanden, und das Dreschen mit dem neuen Gerät war effizienter, als alle bisherigen Verfahren es waren. Die Körner wurden durch die kräftigen Schläge mit dem Flegel schneller, als es bisher möglich war, von den Ähren getrennt.

Der Dreschflegel gilt bis heute in der Beurteilung der agrarsoziologischen Forschung als geniale, äußerst effektvolle Hilfe bei der Ernte. Er war nicht nur, wie bereits erwähnt, sehr einfach aus Holz und Leder herzustellen, sondern wurde auch ohne große Kosten mit der Kraft der eigenen Arme, der eigenen Muskeln betrieben. Seine Bezeichnung geht wohl auf das lateinische *flagellum* ‚Peitsche' zurück.

Bei diesem jahrhundertealten Arbeitsverfahren hat es bis an die Schwelle des 20. Jahrhunderts kaum Verbesserungen gegeben. Wenn in den Spätherbst- und Wintermonaten das gelagerte Getreide richtig trocken war, wurden die gebundenen Garben zunächst auf den Tennenboden gelegt, aufgeschnitten und gleichmäßig verteilt.

Die Drescher schlugen in regelmäßigem, immer gleichem Takt auf die Ähren ein. Unsere Informanten berichteten übereinstimmend, dass Anfänger das Dreschen mit rhythmischen Merkversen zuerst erlernen mussten: Zwei Drescher z. B. arbeiteten im Zweiertakt (Zweierschlag), drei im Dreier-, vier im Vierertakt usw.

Die dabei laut vorgesagten Wörter bzw. Sätze hießen:
Schlapp / schuh beim Zweier- , *schlah / du / druff* beim Dreier- und *Fett / ens / Pänn- / chen* beim Viererteam usw.

Es war äußerst wichtig, dass die Dreschanfänger sich mit Hilfe dieser oder ähnlicher laut vorgetragener rhythmischer Worthilfen an den gleichmäßigen Takt des Arbeitens gewöhnten. Wer den nämlich nicht erlernte, der konnte seine(n) Arbeitskollegen mit dem zur falschen Zeit zuschlagenden Dreschflegel schwer verletzen.

Auf das Dreschen mit dem Flegel folgte in den meisten Gebieten das *Schütten*: die Strohschicht, die noch am Boden lag, wurde durch eine Holzgabel *aufgelockert*, d. h. von den an ihr noch heftenden Getreidekörnern gereinigt.

Das oft winterlange, äußerst anstrengende und staubige Dreschen machte natürlich sehr hungrig und durstig. So war und ist die Redensart *Essen und trinken wie ein Scheunendrescher* für einen starken Esser und Trinker bekannt. Schon der Hesse Johann Grimmelshausen kannte diesen redensartlichen Vergleich. Er lässt seinen Simplex sagen: „Ich mochte damals fressen wie ein Drescher, denn mein Magen war nicht zu ersättigen."

Nach dem Dreschen mussten die Körner von der Spreu getrennt werden. Die Bauern öffneten das Scheunentor und sorgten, soweit es möglich war, für Wind- oder Gegenzug in der Scheuer. Anschließend warfen sie mit der *Wurfschaufel* das Korn in die Höhe. Die Spreu flog dann weiter weg, die schwereren Körner jedoch fielen gleich zu Boden. Auch das war eine langwierige Arbeit.

Dann folgte eine wichtige Neuerung, das Arbeiten mit der *Windmühle*: „Schon seit dem 18. Jahrhundert waren in Teilen Europas sog. Fege- oder Putzmühlen oder Windfegen bekannt, nachdem Ostasienfahrer aus China über Maschinen berichtet hatten, die das Korn mittels Luft in einem Gehäuse zu reinigen und zu sortieren vermochten [...]." (Bumb, S. 80 f.).

Es hat jedoch lange gedauert, bis in Europa Maschinen hergestellt wurden, die das Trennverfahren, das Reinigen und auch das Sortieren des Getreides, optimal gelöst haben. Das war Ende des 19. Jahrhunderts der Fall. Vor dem Ersten Weltkrieg schafften sich daher meist die größeren Pferdebauern die sog. *Fege- oder Windmühlen* an. In den 1920er Jahren folgten auch viele Kuhbauern. In dieser Zeit waren recht gute, einfache Maschinen vorhanden, die durch eine Leier angetrieben wurden und die das Getreide in kurzer Zeit sauber von der Spreu und auch von Sand, Dreck und Unkrautsamen reinigten.

Die Mundart in unserem Untersuchungsraum hatte verschiedene Namen für die Getreidereinigungsmaschine, am häufigsten waren die Bezeichnungen *Wind-, Putz- und Fegemühle*. Als Erklärung für dieses Gerät und seine Arbeit gab einer unserer wissenschaftlichen Informanten an: *Das war eine Maschine zum Reinigen des handgedroschenen Getreides von Staub, Unkrautsamen u. ä. Sie stand auf dem Tennenboden, und wir waren erstaunt, wie gut die Getreidekörner von Spreu und Staub, aber auch von kleinen Steinen und Strohresten durch ein System von Sieben und Rüttelrosten und auch durch den Luftstrom getrennt werden konnten, wie gut das Gerät also bodse* ‚putzen', d. h. ‚Getreide nach dem Handdrusch reinigen' *konnte. Wenn man bei aufstehendem Scheunentor dieser Arbeit nachging und Bekannte gingen auf der Straße vorbei, dann konnte man sie meist grüßend fragen hören: „Na, bodsd er?"* (also absolut gebrauchtes Verb). *Die häufige Antwort: „Joa, mer bodse."*

Und wenn ein Bauer nach der langwierigen und mühsamen Arbeit des Flegeldruschs und der Getreidereinigung auf dem Speicher stand – vor den sauberen Haufen von Korn, Weizen, Hafer u. a., die er z. T. verkaufen wollte –, dann konnte man einst oft hören: *Gut geputzt ist halb verkauft* und *Was uns Menschen nutzt, das wird gut geputzt.*

Wochenlang, ja bei vielen Bauern den ganzen Winter über dauerten Dreschen und Getreidereinigen. Deshalb war es eine große Arbeitserleichterung, als die Dreschmaschinen sich auch in unserem Raum durchsetzten.

b) Die Dreschmaschine

Nicht nur von unseren Gewährsleuten, sondern auch in der agrarwissenschaftlichen Literatur werden die einzelnen Etappen, die bei der Getreideernte und dem Dreschverfahren zu immer perfekteren Formen der Mechanisierung führten, genau dargestellt. W. G. Brenner, ein bedeutender Sachkenner, beurteilt die „revolutionäre" Entwicklung folgendermaßen:

„Waren es bis zum Ersten Weltkrieg vielfach noch die Schnitterkolonnen, die im gleichmäßigen Schwung hintereinander [...] für die Getreideernte eingesetzt werden mussten, oder der eintönige Takt des Dreschflegels im Winter oder im besten Fall des Pferdegöpels, so sind es sechs Jahrzehnte später selbstfahrende, mit 100-PS-Motoren ausgerüstete, kompakte Mähdreschmaschinen höchster technischer Vollkommenheit, die – von einem Mann gesteuert – das Erntebild bereits und recht selbstverständlich beherrschen. Erstaunlich, dass sich auf diesem Gebiet menschlicher Lebensäußerungen in vorigen Jahrzehnten mehr Revolutionäres ereignet hat als vorher in Jahrhunderten." (W. G. Brenner, 1969, S. 306). Diese Entwicklung hat sich bis in unsere Tage fortgesetzt.

Nach dem Flegeldrusch, so berichteten unsere ältesten Gewährsleute im Detail, kamen die ersten Dreschmaschinen auf den Markt. Diese Maschinen schlugen nicht, wie das bei den bisherigen Verfahren geschehen war, die Körner aus den Ähren oder ließen sie nicht durch „trampelnde" Tiere herausschlagen, sondern lösten sie durch rotierende Bewegung mit einer Trommel. Sie wurden durch einen Göpel angetrieben. Pferde oder Kühe drehten beim Göpelwerk einst einen Zugbaum im Kreis, der auf einer senkrechten Welle befestigt war, die die Form eines Zylinders hat (deshalb Zylindergöpel). Über Zahnräder wurde die Kraft auf eine Gelenkwelle übertragen, die über bzw. im Boden zur Arbeitsmaschine führte und diese antrieb.

Dieser Göpeldrusch war noch zu Beginn des 20. Jahrhunderts das unumstrittene Arbeitsverfahren, das gegenüber dem Flegeldrusch einen großen Fortschritt bedeutete. Allerdings hatte es zu dieser Zeit in unserer Region bei weitem noch nicht überall das langwierige und schwere Arbeiten mit dem Flegel abgelöst. In Deutschland haben jedoch bekannte Firmen wie die von Heinrich Lanz/Mannheim dafür gesorgt, dass auch bei uns Göpel beim Dreschen immer mehr eingesetzt wurden.

Durch die Arbeit fähiger Konstrukteure „wurden die Dreschmaschinen immer größer und die Göpel leistungsfähiger. Häufig gingen zwei und mehr Pferde am Zugbaum. Angetrieben wurden sie zumeist von einem Jungen, dessen Aufgabe darin bestand, für einen gleichmäßigen Gang der Tiere zu sorgen. Mit dem stationären Göpeldrusch konkurrierte das Dreschen mit transportablen Maschinen." (Herrmann, S. 206).

Dann setzte sich ein Antrieb für die Dreschmaschine durch, der viel leistungsfähiger als der Göpelantrieb war und der wieder eine echte Revolution für die bäuerliche Arbeitswelt brachte: der Dampfantrieb „begann seinen Siegeszug, als seitens der Konstrukteure Getreidereinigungs- und Sortiervorrichtungen in die Maschinen mit hineingebaut wurden. Nun vermochte nur noch die nominal rund 20 PS Antriebsleistung abgebende Dampfmaschine die Druschkörbe in Gang zu setzen [...], wobei es sich als vorteilhaft erwies, dass die Dampfmaschinen teilweise mit Stroh gefeuert werden konnten." (Herrmann, S. 206).

Man muss in diesem Zusammenhang die große Leistung von Max EYTH nennen. Viele unserer ältesten Gewährsleute können sich an den Namen dieses Revolutionärs der Landbautechnik noch erinnern. Er hat z. B. durch eine Reihe von Erfindungen und Verbesserungen dafür gesorgt, dass durch das Arbeiten mit der Dreschmaschine das Dreschen wesentlich verbessert wurde; dass für die menschliche Arbeitskraft große Erleichterungen entstanden sind; er hat auch erreicht, dass die Bauern ihre Angst vor den Dampfmaschinen, den legendären Lokomobilen, den riesigen „feuerspeienden Ungeheuern", überwunden haben.

Später, Jahre nach dem Beginn des Dampfantriebs, hat man zum Anheizen der Dampfmaschine Reisigbündel benutzt. Wenn dann das Feuer richtig in Gang war, legte man Holz oder auch Kohle nach. Die Dreschmaschine wurde aus Arbeitsersparnis, d. h. wegen der kurzen Entfernung innerhalb der Scheune, auf den Tennenboden gefahren. Die große, eiserne Lokomobile, der Dampfkesselwagen, blieb dann wegen der von ihr ausgehenden Feuergefahr auf dem Hof stehen. Die Lokomobile hatte ein großes Schwungrad auf einer Seite. Von ihm wurde die Antriebskraft über einen Treibriemen zum Dreschkasten übertragen.

An das Dreschen mit der Dampfmaschine erinnerten sich viele unserer Informanten. Den Bericht eines Gewährsmannes führe ich hier an. Der Mann erzählte:

Als die ersten Dampfmaschinen aufkamen, hatten wir große Angst vor ihnen, denn sie sahen besonders im Halbdunkel an Herbst- und Wintermorgen, wenn die Drescharbeiten begannen, aus wie Feuer speiende Ungeheuer. Aber jeder in unserem Dorf hat sich schnell an sie gewöhnt. Sie wurden, wie die Dreschmaschine, von Pferden auf die Höfe gezogen. Bei den steilen Wegen, die zu den Bauernhöfen am Berg führten, war das nicht ganz einfach. Sechs, manchmal sogar acht Pferde mussten dann eingespannt werden. Die Bauern schlugen mit großer Kraft auf die Tiere ein, die so fest zogen, dass die Funken flogen, wenn die Hufeisen auf dem Pflaster aufschlugen.

Zur Dreschmannschaft zählten über zwanzig Menschen. Dazu gehörten zwei bis drei Maschinenleute. Sie waren die einzigen Spezialisten der Dreschmannschaft, „Facharbeiter" im heutigen Sinn. Die Übrigen waren „Hilfsarbeiter". Sie sorgten dafür, dass die Garben bis zum Dreschkasten herangeschafft wurden, oft aus beträchtlicher Höhe unter dem Scheunendach, einige waren verantwortlich für das Einsacken der ausgedroschenen Körner, andere für das Wegtragen der vollen Säcke, für das Stapeln von

Stroh. Auch Wasser und Kohle, ursprünglich auch Holz, mussten für die riesige Dampfmaschine herangeschafft werden.

Nur wenige Zeitgenossen, die Ältesten, die wir auf unseren Abfragefahrten getroffen haben, können sich noch in allen Einzelheiten an die legendären Lokomobile und den Dreschvorgang mit den neuen Maschinen erinnern. Nun wurde die Arbeit in wenigen Tagen ausgeführt, die bisher in einem langen Winter in mühsamer Handarbeit geleistet worden war. Immer wieder berichteten und berichten die Informanten von dem revolutionären Umbruch in der Landwirtschaft, vom Beginn des Maschinenzeitalters beim Dreschvorgang. Voller Staunen erzählen sie heute noch nach vielen Jahrzehnten von den Einzelheiten. Was diese Zeitgenossen damals empfanden und was die wenigen heute noch lebenden Senioren noch berichtet haben, das hat die agrarsoziologische Forschung herausgestellt: „Dampfmaschinen und Großdrescher waren die spektakulärsten Erscheinungen der ersten Phase der Industrialisierung auf dem Lande. Sie machten aus dem Dreschen einen fabrikartigen Vorgang, bei dem die Maschinen die Facharbeit leisteten und den Rhythmus der Arbeit bestimmten. Etwa 25 Menschen waren nötig für die Bedienung, vor allem aber für das Heranbringen und Wegschaffen des Getreides."

Die Lokomobile waren zunächst nur in Großbetrieben im Einsatz. In den Dörfern des Anerbengebiets, in denen zahlreiche selbstständige bäuerliche Betriebe existierten, waren sie nach dem Bericht der Gewährsleute meist seit der Zeit nach dem Ersten Weltkrieg zu sehen. In vielen Gemeinden stand die riesige Dampfmaschine zunächst auf dem Dreschplatz vor dem Dorf, vor allem dann, wenn die Scheunen der Bauern nicht groß genug waren.

Wie sah der Dreschvorgang nun im Einzelnen aus? Zum Arbeitsteam gehörten neben den zwei oder drei Maschinenfachleuten, wie wir berichtet haben, die Angehörigen des Bauern und die freiwilligen Helfer aus dem Dorf, denen auch geholfen werden musste, wenn sie selbst droschen. Diese Gemeinschaftsarbeit war selbstverständlich, niemand wollte und konnte sich ihr entziehen. Morgens ganz früh, zwischen drei und vier Uhr, waren die Maschinisten schon da und *machten* das Feuer unter dem Kessel der Dampfmaschine *an*. Sie mussten lange vorheizen, bevor die Arbeit beginnen konnte. Gegen halb fünf lief ein Familienmitglied des Bauern, ein Knecht oder eine Magd, ins Dorf und klopfte an die Türen oder Fenster der freiwilligen Helfer, um sie zu wecken. Jeder war fest eingeplant, und keiner durfte fehlen. Gegen halb sechs begann dann das Dreschen. Das Schwungrad der warm gewordenen Dampfmaschine wurde angeworfen, der Treibriemen lief immer schneller und setzte die Dreschmaschine in Bewegung. Nun konnte das eigentliche Arbeiten beginnen. Ganz oben auf dem aufgestapelten Getreide hockten einige jüngere Leute, oft auch große Kinder, und warfen Garbe um Garbe nach unten auf den Dreschwagen. Hier saßen zwei Frauen oder Männer und schnitten die Garben auf. Sie reichten das

Getreide dann weiter an den Einleger. Der war meist ein Maschinist, der die aufgeschnittenen Bündel in den Dreschkasten gleiten ließ. Einige starke Männer waren vom Bauern als Sackträger bestimmt worden. Die befestigten an der nach dem Hof gerichteten Seite der Dreschmaschine leere Säcke, die sich rasch mit den ausgedroschenen Körnern füllten und dann als schwere Last auf den Speicher getragen wurden. Das war eine sehr harte Arbeit. Viele Bauernhäuser hatten nämlich steile, schmale Treppen, die nach oben bis unters Dach führten. Da mussten die Sackträger halb gebückt die schweren Lasten nach oben bringen. Ein alter Informant berichtet:

Ich selbst bin oft schon als Vierzehn- und Fünfzehnjähriger für diese schwere Arbeit eingeteilt worden. Und ich weiß heute noch, viele Jahre danach, wie ich am Ende meiner Kraft die Treppen hochgekeucht bin. Damals meinte ich, ich müsste unter der schweren Last zusammenbrechen. Aber schlappmachen durfte man nicht. Auf dem Speicher schütteten wir die Körner auf den Boden. Der Bauer kam öfter im Laufe des Dreschens auf den Speicher und war froh und zufrieden, wenn die Berge voller Frucht ‚Getreide' *immer höher wurden.*

Im hinteren Teil der Scheune wurde früher, als es noch keine *Presse* gab, das aus der Maschine gestoßene Stroh gebündelt. Meist nahmen einige Frauen das Stroh zunächst mit ihren Armen auf und legten es dann auf dicke Kornseile, die man vorher auf dem Boden ausgebreitet hatte. Kräftige Männer banden diese Bündel mit den Strohseilen dann fest zusammen, und einer beförderte mit einer langstieligen Gabel Bündel für Bündel weiter nach oben in die Scheune. Hier hockte ein weiterer Helfer und stapelte die großen Strohbündel bis in die entfernteste Dachschräge fest. Wohl die schmutzigste und staubigste Arbeit mussten junge Mägde ausführen, aber auch alte Frauen konnte man bei dieser Tätigkeit sehen: Beim Dreschen wurde nämlich die Spreu seitlich von der Maschine ausgestoßen. Es war ein Gemisch von Grannen, Fruchthülsen und leeren Ähren- bzw. Rispenteilen. Die Frauen, oft Jungmägde von 14 bis 16 Jahren, rafften diese *Spreu*, ihr mundartlicher Name in weiten Teilen Hessens war meist *Heelt*, mit ihren Händen zusammen, füllten sie in große Körbe und leerten diese dann in einen freien Teil der Scheune, den *Porz* (so hieß es in Teilen der Region), oder auch an eine andere Stelle. Von hier aus wurde es dann später im Winter geholt, um es im *Sütthaus* mit dem Viehfutter zu vermischen. Erleichtert atmeten die *Dreschleute* auf, wenn der laute Lärm der Lokomobile während einer Essenspause aussetzte. Auf dem Hof standen Eimer und Schüssel voller Wasser zum Waschen. Freilich konnte man sich nur notdürftig reinigen; Nase, Ohren, Mund waren mit einer dicken, festen, schwarzen Schicht aus Dreschdreck verkrustet. Für die große Gruppe der Helfer hatte die Bäuerin ein reichhaltiges, gutes Essen vorbereitet. Da gab es Wurst, Speckschinken, ja oft auch gebratenes Hackfleisch zum Frühstück, Kartoffeln, Gemüse, gebratenes Fleisch zum Mittagessen, große Mengen Zwetschen- und anderen Kuchen zur Nachmittagspause, noch einmal Kartoffeln oder Kartoffelsalat, Gemüse und

Fleisch zum Abendessen. Und wenn man dann in der Dunkelheit des Herbstabends nach Hause kam, dann sank man bald todmüde ins Bett. Manch einer musste ja am nächsten Morgen ganz früh irgendwo im Dorf wieder beim Dreschen helfen.

Eine Verbesserung des Dreschwesens brachte die Erfindung des Bulldogs 1921 von Fritz HUBER, einem bedeutenden Konstrukteur bei H. LANZ, Mannheim. Dieser legendäre Schlepper ist als Rohölmaschine mit einem Ein-Zylinder-Glühkopfmotor entwickelt worden und war als mobile und ortsfeste Zugmaschine gleichzeitig einsetzbar. Man konnte ihn damals auch zum Dreschen benutzen: mit einem Schwungrad versehen als Antrieb für die Dreschmaschine und auch als Schlepper zum Ziehen. Viele der Älteren erinnern sich heute noch daran, wie der Bulldog nun beim Transport die menschliche und die tierische Kraft ersetzte. Wenn ein Bauer in den späten Nachmittagsstunden ausgedroschen hatte, dann dauerte es nur kurze Zeit, bis dieser Schlepper die schwere Dreschmaschine, die zu der Zeit auch schon mit einer arbeitserleichternden Presse versehen war, in die Scheune des Nachbarn geschoben hatte. Der Bulldog wurde dann auf dem Hof aufgestellt, und auf sein Schwungrad, das als Riemenscheibe diente, wurde der Antriebsriemen gelegt und mit der Dreschmaschine verbunden. Am nächsten Morgen dann mussten die Maschinisten den Glühkopf des Motors mit einer Lötlampe vorwärmen, bevor der Motor gezündet werden konnte. Man hat bis nach dem Zweiten Weltkrieg in manchen Teilen des Hessenlandes an der erfolgreichen Konzeption für den Bulldog auch in seiner Funktion für das Dreschen festgehalten. Der Name Bulldog, an dessen Erscheinen in der bäuerlichen Arbeitswelt ihres Ortes sich viele auch heute noch erinnern, „rührt von der eigentümlichen Form des Zylinderkopfes und der Schutzkappe über dem Zylinderkopf mit den Entlüftungslöchern her, die wie Augen neben der Schutzkappe liegen." (K. Herrmann, S. 223).

Die größeren Bauern, die zum Teil auch Dreschmaschinenbesitzer waren, erkannten schon bald nach der berühmten und legendären DLG-Ausstellung von 1921 in Leipzig, dass zahlreiche wichtige Vorzüge den Bulldog auszeichneten. Seine Vorteile waren: „einfachste Bauart, leicht zu bedienen, sehr zuverlässig im Betrieb, mit jedem Treibstoff zu betreiben und, verglichen mit der Dampfmaschine, nach wenigen Minuten betriebsbereit. Vergessen darf man natürlich nicht die lange Lebensdauer [...]" (K. Häfner, S. 5). In der schwierigen Zeit nach dem Ersten Weltkrieg „erschien am Markt der Bulldog als kleine, übersichtliche und leicht zu bedienende Maschine." Fritz HUBER und die Fa. LANZ „trafen genau die Nöte des damaligen Bauernstandes. So kann sich der Bulldog fast vier Jahrzehnte am Markt halten und den Schlepperbau mit richtungsweisenden Impulsen versorgen." (Häfner, S. 5). Seine Bedeutung – neben seinen anderen Vorzügen – als Arbeitskraft für die Dreschmaschine kann nicht hoch genug eingeschätzt werden.

Im Zuge der stürmischen Elektrifizierungs-Woge, die in den Dörfern unsere Eltern und Großeltern ungeheuer fasziniert hat, war es schließlich auch möglich, die bisherigen Antriebsverfahren für die Dreschmaschinen durch elektrische Energie zu ersetzen: der kleine, leichte, in der Handhabung einfache Motorwagen gehörte nun zum Bild des Getreidedruschs. Der Maschinist brauchte nur noch das Elektrokabel in die Starkstromdose zu stecken, den Motor anzustellen, und die Dreschmaschine lief auf vollen Touren: leichter, schneller und viel effektiver als zu der Zeit, in der sie noch vom Göpel oder von der Lokomobile angetrieben wurde. Sie war im Laufe der Jahre ja auch ständig verbessert worden. Zu den großen Entwicklungen, die im Laufe der Jahre menschliche Arbeit erleichterten oder durch die Maschine ganz ersetzten, gehörten die Einführung der Strohpresse und der Absaugvorrichtungen für Spreu und Dreschdreck.

Von den Zeitgenossen sind auch die erwähnten einzelnen Neuerungen und Verbesserungen beim Dreschvorgang, wie wir das auch für andere Erscheinungen des Arbeitslebens, etwa beim Kartoffelsetzen und der Kartoffelernte, schon erwähnt haben, immer wieder staunend begrüßt und lebhaft diskutiert worden. Wenn man heute Tageszeitungen aus der Vergangenheit aufschlägt, findet man z. B. oft Kommentare, in denen die Reporter die Entwicklung ausführlich dargestellt haben. Am vorläufigen Ende der Entwicklung stand dann der Mähdrescher.

Versuche, solche komplizierten Maschinen wie die Mähdrescher zu konstruieren, hat es schon im 19. Jahrhundert in Nordamerika gegeben. Es hat jedoch lange gedauert, bis diese Versuche zu einer Maschine führten, die sich auch in Europa durchsetzen konnte. Denn die ersten Konstruktionen aus den USA waren für den alten Kontinent zu groß und damit auch zu teuer. Die Landwirte hatten daher im hügeligen und überwiegend kleinbäuerlich geprägten Westdeutschland zunächst große Probleme mit diesem neuen Ernteverfahren. Erst nach dem letzten Krieg haben sie sich schnell auf die äußerst arbeitssparende Form des technisch verbesserten Mähdreschens umgestellt.

Noch nach 1945 mussten die Aussichten für den Mähdrusch in Westdeutschland mit den meist kleineren oder bestenfalls mittleren bäuerlichen Betrieben, mit den kleinen oder mittleren Feldern und maritimem Klima besonders skeptisch beurteilt werden. Aber etwa um das Jahr 1950 trat doch ein völliger Wandel in der Beurteilung ein, und es setzte eine stürmische Einführung ein, die von kaum einer anderen Landmaschine je erreicht wurde. Mähdreschergemeinschaften wurden subventioniert, der Ankauf von Maschinen aus Mitteln des Grünen Plans zinsverbilligt. Aber auch technisch waren die Maschinen inzwischen betriebssicherer und leistungsfähiger geworden.

Während in der ersten Zeit der Einführung, also etwa seit 1950, zunächst noch Schlepper und Mähdrescher getrennt waren, sind seit rund

2–3 Jahrzehnten nur noch selbstfahrende Maschinen vorhanden. Ihre Arbeits- und Leistungskraft ist ständig gewachsen, auch in der Gegenwart gibt es noch laufend Verbesserungen. Es leuchtet ein, dass als Folge dieser Entwicklung die Zahl der Erntehelfer ständig gesunken ist. Aber auch die Getreidelandschaft mit den *Heucheln*, den *Hausten* u. a., den *Getreidehaufen*, die zum Trocknen tagelang auf dem Feld standen, ist geschwunden. Die Alten von heute denken mit einer gewissen Wehmut daran, dass damit ein Teil des alten Landlebens, auf das Dichter und Maler immer wieder aufmerksam gemacht haben – wie wir schon erzählt haben – , nicht mehr existiert.

Dass die Entwicklung nach 1945 in Westdeutschland so stürmisch verlief, ist auch den fähigen Konstrukteuren einiger Firmen, z. B. denen der Fa. CLAAS zu verdanken: CLAAS brachte das schleppergezogene Modell ‹Super› heraus, das unter den mitteleuropäischen Bedingungen gute Arbeit verrichtete. Mit den dichter stehenden Halmen wurden Mäh- und Dreschwerk dann fertig, wenn es sich um Lagergetreide, d. h. am Boden liegendes Getreide, handelte. Die Beliebtheit des ‹Super› führte dazu, dass bis 1966 rund 65 000 Maschinen dieses einen Modells verkauft werden konnten. Der Mähdrescher war bis zu diesem Zeitpunkt bereits die Erntemaschine schlechthin. Ein Jahr später, 1967, wurden mit den insgesamt in der westdeutschen Landwirtschaft eingesetzten Maschinen über 80 % des Getreides abgeerntet.

In der Gegenwart ist der moderne Mähdrescher aus dem Arbeitsleben des Bauern nicht mehr wegzudenken. Die verschiedenen Arbeitsgänge, nämlich Ernten, Dreschen, Kornreinigen und Strohaufbereitung, sind optimal miteinander kombiniert, das Stroh kann je nach Wunsch des Landwirts und nach der Beschaffenheit der Maschine gepresst, gehäckselt oder zum Trocknen auf dem Feld lose abgelegt werden. Die modernen Mähdrescher sind nicht nur Selbstfahrer, wie viele moderne Großbauern immer wieder berichten, sondern sie verfügen über Schnittbreiten bis zu 7 m, haben Motoren mit einer Leistung von weit über 100 PS und sind mit leistungsfähigen Strohhäckslern, großen Korntanks, elektronischen Kontrollsystemen und vollklimatisierten Fahrerkabinen ausgerüstet. Letztere sind wichtig, da während der Ernte 14-Stunden-Arbeitstage nicht ungewöhnlich sind.

Es erscheint uns heute unvorstellbar, dass diese Konstruktionen in Zukunft noch wesentlich verbessert werden können. Aber diese Vorstellung täuscht wohl, denn auch im bäuerlichen Arbeitsleben der Zukunft werden „die Dinge ständig im Fluss“ sein.

6. Backen und Dorfbackhaus

Früher, als der Müller noch mit seinem Wagen voller *Fricht* ‚Getreide' oder Mehl im Straßenbild zu sehen war, hat beinahe jeder Haushalt in unseren Dörfern sein Brot selbst gebacken. Dieses wichtige Ereignis wiederholte sich bei manchen Familien alle acht, bei anderen wieder alle vierzehn Tage, je nachdem, wie lange der Vorrat reichte. Dann strömte der Duft der Holzfeuer und der des frisch gebackenen Brotes vom Backhaus auf die Straße und durch die Häuser. Samstags wurde Kuchen gebacken, meist Hefekuchen, nur selten *Backpulverkuchen*.

Fast jedes Dorf besaß früher sein eigenes Backhaus, mancher Ort hatte auch zwei, drei oder gar vier gemeindeeigene Backhäuser für seine Bewohner gebaut. Die alten Backhäuser sind noch heute ein Schmuck unserer Dörfer. Sie erzählen uns von Mühe und Arbeit und von der Dankbarkeit für das tägliche Brot, für das man ein ganzes Jahr lang schwer schaffte.

Die Backhäuser waren landauf, landab Kommunikationsmittelpunkte, Treffpunkte für Unterhaltung und Begegnung. Während man wartete, bis das Brot im Ofen knusprig-braun wurde – und das dauerte etwa eine Stunde –, hatte man Zeit für vielerlei Erzählungen und Berichte. Manche unserer Informanten haben diese Gesprächsrunde der Frauen ausführlich dargestellt.

Viele Gewährsleute haben berichtet, wie das Brotbacken in seinen einzelnen Phasen verlief. Der Ablauf war nicht überall gleich, die vielen geringfügigen Variationen kann ich hier jedoch nicht behandeln.

Wenn das Brot ziemlich aufgebraucht war, musste man *losen, spielen*. Das sind alte Mundartwörter, die neben dem standardsprachlichen Sinn eine zweite Bedeutung haben, nämlich: ‚um die Reihenfolge für das Backen im Dorfbackhaus am nächsten Tag losen'. Nach dem Elf- oder auch Zwölfuhrläuten, das den Bauern auf dem Feld die nahe Mittagsstunde mitteilen sollte, trafen sich die Leute, meist Frauen, vor dem Backhaus. Jede Frau hatte ein kleines Stückchen Holz mit der eigenen, durch ein spitzes Messer eingeschnittenen oder beschrifteten Hausnummer bei sich. Eine Frau hielt ihre Trachtenschürze auf, in die man die Holzklötzchen warf und dann kräftig durcheinander schüttelte. Dann rief man ein in der Nähe stehendes Kind, das die Klötzchen nacheinander aus der Schürze holte. Damit war die *Reihe* ‚die Reihenfolge' festgelegt. Ich erinnere mich noch genau daran, wie stolz wir als Kinder waren, wenn jemand von uns die kleinen Holzstückchen aus der Schürze herausholen durfte. In vielen Orten wurden die Klötzchen oder einfache Papierstückchen auch in die Mütze des Gemeindedieners gelegt, durcheinander geschüttelt und dann herausgenommen. Wenn man nach Hause kam, dann hieß es: *Was fier e Reih* ‚Reihenfolge' *hast de denn beim Spiel gezooche?* Konnte man nur zerknirscht sagen, dass man die Nummer eins gezogen hatte, dann waren die Familienmitglieder nicht gerade froh gestimmt. Denn nun musste man *anhitzen*, d. h. den über Nacht oder gar über das Wochenende erkalteten Ofen kräftig einheizen. Dazu brauchte man eine Menge Holz, mehr als bei jeder anderen Reihenfolge.

Es hat jedoch auch manche Dörfer gegeben, in denen man diese Ungerechtigkeit, die öfter Missstimmung und Ärger verursacht hat, zu vermeiden suchte: so haben viele Gemeindeverwaltungen das zusätzlich verbrauchte Holz anteilig von den Leuten, die in der Woche von der Backreihe zwei an das Backhaus benutzten, eingesammelt und an den *Anhitzer* gegeben. Auch von anderen Lösungen, die wir hier nicht beschreiben können, haben die Informanten berichtet.

Schon am Abend vor dem eigentlichen Backtag begann zu Hause die Arbeit: der Teig wurde zunächst *angesetzt*. Der Sauerteig, den man vom letzten Backen in einem Säckchen aufbewahrt hatte oder den man vom Nachbarn auslieh, wurde mit lauwarmem Wasser vermischt und so lange stehen gelassen, bis er aufgeweicht war. Darauf fügten die Frauen im Backtrog Mehl und Wasser dem vorhandenen Teig hinzu und *säuerten* ein bis zwei Stunden. Dann ließen sie den gesäuerten Teig sechs bis sieben Stunden im Backtrog, den jede Familie besaß, stehen und aufgehen. Wenn sie gut gearbeitet hatten, dehnte er sich in die erwünschte Höhe aus. War diese Frist abgelaufen, dann wurde der Teig fest und schnell geknetet. Vielen Frauen liefen bei dieser anstrengenden Arbeit dicke Schweißperlen über die Gesichter. Manches musste auch beachtet werden, z. B. die richtige Zusammensetzung. So brauchte man etwa einen Liter Wasser für drei Pfund Mehl. Wer die richtige Mischung nicht beachtete, brauchte sich nicht zu wundern, wenn das Brot verdarb. Wenn der Teig dann hoch genug aufgegangen war, wurden die Backbretter, die etwa zwei Meter lang und 25 bis 35 cm breit waren, über den Küchentisch gelegt. Auf ihnen formten die Frauen dann die Brotlaibe: ob das nun die reiche Bäuerin, die Arbeiter- oder Tagelöhnerfrau war, spielte kaum eine Rolle, denn beinahe alle im Dorf haben sich ihr Brot selbst gebacken. In manchen Dörfern ist diese letzte Arbeit, das *Formen* der Brotlaibe, auch im Backhaus geleistet worden. Die Frauen brachten den mit Teig angefüllten Backtrog dann hierher mit. Allerdings ist das nach dem Material, das uns zur Verfügung steht, nur in einem kleinen Teil der Dörfer im Hessenland so geschehen.

Das Bild der Frau, die den Teig knetet und dann formt, ist von Malern und Fotografen und auch von Dichtern oft dargestellt worden. Es veranschaulicht ein ganz charakteristisches Merkmal der verflossenen dörflichen Arbeitswelt. Die geformten Laibe wurden auf die Backbretter gelegt, die man dann auf dem Kopf ins Backhaus transportierte. Das erforderte viel Kraft und Geschicklichkeit. Aber die gerade, ruhige Gehweise, die feste, sichere Handhaltung, das sorgfältige Balancieren mit der schweren Last wurden von Kindheit an geübt. Die Mütter gaben sich Mühe, ihren Töchtern diese Fähigkeit zu vermitteln. Dazu der Bericht einer Informantin:

Als ich noch ein halbes Kind war, hat mir meine Mutter beigebracht, wie man volle Essenskörbe auf dem Kopf ins Feld oder beladene Backbretter ins Backhaus trug. Das war gar nicht so einfach. Man musste ganz ruhig, ohne schnelle Bewegung gehen. Einmal habe ich mich auf der Straße vor einem scheuenden Gaul erschreckt. Da sind mir alle Brotlaibe vom Backbrett gefallen. Glücklicherweise waren sie schon gebacken, und wir konnten sie noch essen.

Im Backhaus war inzwischen der Ofen angeheizt worden. Einige *Wellen* ‚Reisigbündel' waren in das dunkle Loch des Backofens geschoben und angezündet worden. Das Feuer brannte bei dem dünnen, dürren Reisig hell und entwickelte eine große Hitze. Buchenholz wurde noch hinzugegeben. Zuletzt blieb eine glühend rote Glut übrig. War der Ofen heiß genug, dann wurde die Glut mit einer langstieligen Kratze, dem sog. *Kiss*, aus dem Ofen entfernt. Die kleinen verkohlten Reste, die zurückblieben, wurden mit einem feuchten Tuch, das man am Kiss befestigte, oder mit einem feuchten Strohbesen, dem sog. *Wisch*, aus dem Ofen gefegt. War der heiße Boden des Backofens sauber genug, dann wurden die Brotlaibe auf dem *Hahler* (*Heller*), einem Schieber, in den Ofen geschoben, der danach geschlossen wurde. Jetzt hatten die Frauen längere Zeit nichts oder kaum etwas zu tun, denn eine Stunde blieben die Brote im Ofen. Eine Zeit der Unterhaltung, der Zuwendung, der Heiterkeit und des Gelächters, öfter aber auch des ernsten Gespräches begann. Nur ab und zu sah eine der Frauen nach und vergewisserte sich, dass die Hitze nicht zu hoch war. War das der Fall, dann wurden die Zuglöcher an der Ofenwand geöffnet. Nach einer Stunde etwa sah man nach, ob die Brote gar waren. Lag man richtig in der Zeit, dann holte man jeden Laib einzeln aus dem Ofen, bestrich seine Oberseite mit Wasser, damit sie richtig glänzte, und schob das Brot noch einmal kurz zurück. Hatte man alle Brotlaibe mit Wasser bestrichen, dann holte man sie aus dem Ofen, legte sie auf die Backbretter und brachte sie auf dieselbe Weise nach Hause, wie man sie ins Backhaus transportiert hatte.

Die Frauen waren froh und zufrieden, wenn der *Geback* gelungen war, denn das Brot spielte früher eine viel größere Rolle, als es heute der Fall ist. Ausfälle konnte sich eine Familie, vor allem dann, wenn sie nicht zu den reicheren Bauern zählte, kaum leisten. Jeder Brotrest musste verbraucht werden, auch wenn er vierzehn Tage alt und nicht mehr gut zu kauen war. Dazu die Erinnerung eines unserer Informanten:

Ich war als Kind mit dem Sohn unseres Arztes im Dorf befreundet. Die Arztfamilie hat nie selbst geschlachtet und auch ihr Brot nicht selbst gebacken. Die Mutter meines Freundes legte dem Sohn Keefwoschd ‚Kaufwurst', also frisch gekaufte Wurst vom Dorfmetzger, aufs Frühstück. Das Brot bekam sie jeden Tag frisch vom Bäcker. Ab und zu tauschten wir beiden Jungen unser Frühstück. Wie gut hat mir sein Brot geschmeckt. Wurst vom Metzger und Brot vom Bäcker gab's ja bei uns kaum. Frisch hat unser Bauernbrot ja sehr gut geschmeckt, aber nach acht bis zehn Tagen war's hart und schwer zu es-

sen. Meine Großeltern, die keine Zähne mehr hatten, schnitten beim älteren, harten Brot die Kruste ab und hoben sie für ihre Enkelkinder auf. Wir haben diese Brotrinde gegessen, ja essen müssen, nichts sollte verloren gehen.

Jeder Haushalt besaß eigenes Gerät, das bei dem stets wiederkehrenden Backen nötig war. Schon vor langem konnten wir berichten: Zu den wichtigsten Backwerkzeugen gehörten der *Backtrog* (die *Backmulde* u. a.), ein hölzerner Behälter, in dem der Teig zu Haus angesetzt wurde. Dann gab es eine hölzerne, langstielige *Kratze*, mit der die Holzkohlen aus dem Ofen entfernt wurden, in einigen Bereichen des Abfrageraums hieß sie *Backkiss* u. a. Zum Backen brauchte man auch den *Backhalder* (*Backschießer* u. a.), auf dem das Brot in den Ofen geschoben oder herausgeholt wurde, schließlich existieren die *Backbretter*, etwa zwei Meter lange und 25 bis 35 Zentimeter breite Bretter, die man, bedeckt mit 7 bis 10 Brotlaiben, auf dem Kopf zum und vom Backhaus trug. Und man benutzte den *Backwisch*, das war ein langer Stiel mit einem Bund Stroh, oder ein nasser Sack, mit denen man am Ende den Backofen reinigte.

Auch zu diesem Bereich der dörflichen Arbeitswelt gab es einst eine große Menge an Redensarten und Sprichwörtern, die mit dem Ende des Selberbackens geschwunden sind. Einige Beispiele: Nachdem die Frauen in vergangenen Tagen die Brotlaibe in den heißen Backofen geschoben (*geschossen*) hatten, konnten sie sich, was sonst kaum vorkam, gemütlich für eine Stunde zum Plaudern (*schwädse*) hinsetzen. Es hieß dann: *Man kann lange schwätzen, bevor das Brot gebacken ist.* Das war auch übertragen gemeint: ‚Jede Arbeit braucht ihre Zeit'. – Wenn ein *Geback* (das sind alle Brotlaibe, die 8 bis 14 Tage reichen mussten) nicht ganz gelungen war, sagte man selbstkritisch: *Was man backt, das muss man essen.* Auch hierfür gilt neben der konkreten eine übertragene Bedeutung: ‚Was man selbst verschuldet, muss man auch selbst ausbaden'. – Vorwurfsvoll konnte es in der Familie von einer beim Backen ungeschickten Frau auch heißen: *Wer nicht backen kann, der bleibe aus dem Backhaus*; auch wieder übertragene Bedeutung: ‚Von Dingen, die man nichts versteht, soll man die Hände lassen.' – Entschuldigend, aber auch selbstkritisch war in solchen Situationen von der betroffenen Frau zu hören: *Backen und kochen geraten nicht immer.* – Von einer neugierigen und geschwätzigen Frau sagte man: *Nicht jede Frau, die das Feuer im Backhaus ansteckt, will auch backen.* – Wenn eine Frau bekannt dafür war, dass sie gut backen und kochen konnte und sich damit fürsorglich um die Gesundheit ihrer Familie mühte, konnte man hören: *Eine gute Köchin, ein guter Doktor.* – Da das Backhaus ein wichtiger Ort der dörflichen Kommunikation war, bei der Gelächter oft durch die Tür nach draußen drang und bei der auch über die kleinen und großen Schwächen der Mitmenschen im Dorf gelästert wurde, war einst folgendes Sprichwort weit bekannt: *Wenn die Waisleu* ‚Frauen' *kochen und backen, haben sie den Teufel im Nacken.* – Wenn man einen Geback nicht verderben lassen wollte, wir sagten es schon, durfte die Hitze im Backofen nicht zu hoch werden. Deshalb stand während der Unterhaltung ab und zu eine Frau auf und sah nach. Wenn nötig, öffnete sie die Zuglöcher des Ofens, die übergroße Hitze konnte dann abziehen. Das Sprichwort, das bei dieser Gelegenheit in Teilen Hessens zu hören war, hieß: *Vom Schwätzen backt kein Brot* oder *Vom Schwätzen kann kein Brot geraten*. Auch das ist wieder übertragen gemeint: ‚Durch Reden allein kann man sein Ziel nicht erreichen, seine Aufgabe nicht erfüllen'.

In unseren Tagen wird Brot kaum noch selbst gebacken. Man kauft sich sein Brot beim in fast jedem Ort ansässigen Bäcker oder im Supermarkt. Brot wird also per Handarbeit in einem Kleinbetrieb oder mit Hilfe von Backmaschinen in einer Großfabrik hergestellt. Die Dorfbackhäuser stehen meist leer oder sind „umfunktioniert" worden.

Allerdings wurde uns auch berichtet, dass in allerjüngster Zeit in manchen Orten die alten Dorfbackhäuser wieder eröffnet werden und den Menschen, die gerne selbst backen, zur Verfügung stehen.

7. Milch und Milchverarbeitung

Seit langer Zeit gehört die Milch in Europa zu den wichtigsten Nahrungsmitteln der Menschen. Die Bestandteile an hochwertigen und leicht verwendbaren Teilen sind erstaunlich groß. Die Verarbeitung der Milch in großen Meiereien, Sennereien (im Alpengebiet) oder Molkereien ist inzwischen nicht nur in Hessen und Deutschland, sondern auch im übrigen Europa und darüber hinaus zu einer wirtschaftlich wichtigen Großindustrie geworden. Der Überschuss an Butter und Käse wird besonders aus Holland, Irland, Schweden, Dänemark, auch aus Frankreich exportiert und vor allem in Lebensmittelmärkten bei uns und anderswo angeboten.

Man unterscheidet in Deutschland zwei Arten von Molkereien. In einer ersten Gruppe von Betrieben wird die angelieferte Milch nur gereinigt, keimfrei gemacht und zum Verbrauch als Konsummilch abgefüllt. In einer zweiten Gruppe von Betrieben wird die Milch zu Butter und Käse weiterverarbeitet. Die Molkereien und die Milchverwertungsfabriken sind meist auf genossenschaftlicher Grundlage organisiert. Diese Genossenschaften haben sich in Deutschland schon lange mit Erfolg dafür eingesetzt, dass die Reinheit der Konsummilch und auch die ihrer weiteren Verarbeitung, also besonders von Butter und Käse, überwacht und ihre Qualität regelmäßig kontrolliert wird.

Die Geschichte der Milchverwertung in Hessen kann in zwei Phasen unterschieden werden: eine erste, in der die Selbstverarbeitung und die Selbstversorgung der Bauern im Mittelpunkt standen, und eine zweite, in der die großen „Milchfabriken", die modernen Molkereien, nach dem Anliefern der Milch die Weiterverarbeitung übernahmen und übernehmen.

An die erste, die bis weit ins 20. Jahrhundert hinein galt, erinnern sich unsere ältesten Gewährsleute noch sehr genau. Gemolken haben die Bauern mit der Hand. Je größer die Zahl der Kühe war, umso schwerer war die Arbeit. Von alters her wurde die gemolkene Milch in große, flache Gefäße aus Holz oder auch aus Ton oder später bei Großbetrieben auch in „Rahmbeete" aus Metall gefüllt. Man nannte diese Gefäße *Satten*. In diesen Behältern, die vor allem bei den Gäulsbauern etwa 1 m lang und 50 cm breit waren, sollte die Milch *ruhen*, d. h. sich setzen. Sie wurde auf diese Weise ruhig gestellt, damit der Rahm dann abgeschöpft werden konnte. Oder der Rahm, der nördlich von Lauterbach und Nauheim *Schmant*, südlich davon *Rahm* hieß (heißt), blieb in der Satte, und die Magermilch konnte durch eine Öffnung, die zunächst nur mit einem Stöpsel verschlossen war, ablaufen. Der zurückbleibende Rahm wurde in einen größeren Steintopf geschöpft und warm gestellt, damit er sauer werden konnte, bevor er dann ins Butterfass zur weiteren Verarbeitung kam.

Eine geradezu revolutionäre Erfindung wurde für diese Arbeiten die Zentrifuge. Diese moderne Maschine trennte in kurzer Zeit Rahm und Magermilch voneinander und war damit für das Arbeitsleben auf dem Bauernhof eine große Erleichterung.

Man unterschied zwei Arten von Butterfässern: das ältere zum Stoßen und das jüngere zum Drehen.

Zu Beginn des 20. Jahrhunderts gab es nur das ältere *Stoßbutterfass*. Nach der Art seiner Verwendung hieß es *Schdrimbelfass* oder auch *Schdombfass* (*schdrimbeln* und auch *schdombe* = stoßen). In den dreißiger und vierziger Jahren des 20. Jahrhunderts, teilweise auch früher, wurde das *Stoßbutterfass* immer mehr durch das *Drehbutterfass* verdrängt, das man *Drehfass* oder *Leierfass* nannte.

Wenn die zwei verschiedenen Butterfässer auch seit langem nicht mehr benutzt werden, so sind sie vielen Alten doch noch sehr vertraut. Schon im Ersten Weltkrieg, aber auch in den Notzeiten des Zweiten Weltkrieges und einige Jahre danach sind sie aus dunklen Ecken, von verstaubten Regalen, die auf dem Boden oder im Keller standen, oder anderswoher hervorgeholt und benutzt worden. Ein alter Informant erzählte darüber aus der Zeit des Zweiten Weltkriegs. – Wir haben diese Erzählung aufgezeichnet:

Wir hatten zu Hause etwa 20 Kühe im Stall. Im Zweiten Weltkrieg mussten wir die Milch, wie alle Bauern, an die Molkerei abliefern. Das war auch im Ersten Weltkrieg schon so gewesen. Butter, Milch und Matte wurden uns von der Molkerei zugeteilt. Wer sich diesen staatlichen Anordnungen widersetzte, wurde vor allem in der Kriegszeit streng bestraft. Natürlich haben wir doch schwarz gebuttert, wie viele andere im Dorf auch. Oma saß ein- oder zweimal, manchmal auch dreimal in der Woche hinter dem Schdrimbelfass und bewegte schnell und gleichmäßig den Stab, der mit einer Scheibe am Ende im runden, nach oben enger werdenden Butterfass steckte, so lange auf und ab, bis sie einen dicken, weißen Butterweck (einen großen Butterklumpen) aus dem Butterfass holen konnte. Die Bauern mussten damals ihre Milch an die Molkereien abliefern. Von dort bekamen sie Butter und Käse, die ihnen zustanden, zugewiesen. **Selbst** *buttern durften sie nicht. Aber die meisten haben es doch getan. Das nannte man schwarz buttern, d. h. also gegen die Verordnung heimlich buttern. Und je länger der Krieg dauerte, umso härter wurden Leute, die gegen das Butterverbot verstießen, bestraft. Wenn Oma, vor allem in der Kriegszeit, am Buttern war, dann mussten wir Kinder – meine ältere Schwester und ich, manchmal war auch der Nachbarsjunge dabei – Acht geben, dass sie nicht vom Dorfpolizisten, dem Gendarm, bei ihrem verbotenen Tun überrascht wurde. Während sie in der Küche oder in der großen, guten Stube schdrimbelde, standen wir am Hofeingang und sahen die Straße hinauf und hinunter. Erblickten wir den Gendarm mit seinem großen Schäferhund, dann liefen wir schnell und warnten Oma. Die hatte dann Zeit, das Schdrimbelfass an einem sicheren Ort zu verstecken. Aber einmal wäre sie beinahe erwischt worden. Meine Schwester war an dem Tag nicht da. Dem Nachbarsjungen, meinem Freund Günter, und mir, uns beiden war das Aufpassen zu langweilig. Wir spielten Köbbe* ‚Köpfen' *auf dem Hof. Das war damals ein beliebtes Jungenspiel. Aus Steinen hatten wir zwei Tore markiert und wir standen uns in einer Entfernung von etwa 3 bis 4 Metern gegenüber. Jeder von uns musste versuchen, den mittelgroßen Ball ins Tor des anderen zu köbbe. Wer auf diese Weise die meisten Tore geköbbt hatte, war Sieger. Wir waren so in unser Spiel vertieft, dass wir den herankommenden Gendarm nicht bemerkten. Plötzlich stand er mit seinem großen Hund vor uns.*

‚Na, ihr Lausejungen', donnerte er uns mit lauter Stimme an. ‚Jetzt lauft ihr mir nicht davon, um eure Oma oder eure Mutter zu warnen. Ich will doch einmal sehen, ob die buttern.'

Aber da rettete unsere kluge Mutter die Situation. Sie hatte den Polizisten kommen sehen und ließ unseren eigenen Hund ungesehen frei. Der bellte den Schäferhund laut an, die beiden Tiere verbissen sich ineinander, Oma kam ans Fenster, sah die Gefahr und hatte Zeit, um im letzten Augenblick das volle Schdrimbelfass im Kasten der großen Standuhr zu verbergen. Zwar sah der Gendarm in allen Winkeln nach, in Schränken und Truhen, aber die Uhr übersah er zu unserem großen Glück. Wir alle aber waren furchtbar aufgeregt und heilfroh, als alles vorbei war. Wäre unser ‚Vergehen' entdeckt worden, dann hätte mein Vater, der tagsüber in einer nahe gelegenen Munitionsfabrik arbeitete und dafür „UK" (vom Kriegsdienst befreit) *war und am Abend und sonntags noch in der eigenen Landwirtschaft beim Arbeiten war, durchaus noch eingezogen werden können. Manche Männer sind aus solchen Anlässen in Strafkompanien eingezogen worden und bei mörderischen Kämpfen an der Front gefallen.*

Doch wie sah das Buttern im Einzelnen aus? Auch darüber liegen uns Berichte der Alten vor: So erzählte ein Informant:

Der abgeschöpfte Rahm kam ins runde, nach oben schmaler werdende Schdrimbelfass, in dem der Butterstößer steckte. Das war ein Stampfer, in dem Löcher eingebracht waren. Der Stampfer oder Stößer wurde im Rahm auf- und abbewegt. Es dauerte meist längere Zeit, bis das helle plätschernde Geräusch, das bei den Bewegungen des Stößers in der Flüssigkeit zu hören war, sich änderte und dumpfer wurde. Dann hatten sich kleinere und größere Fettklümpchen gebildet. Man nahm sie vorsichtig aus der Flüssigkeit heraus, legte sie in eine Schüssel und formte sie dann zu einem Butterweck.

Zurück im Butterfass blieb die schmackhafte Buttermilch. Viele Leute tranken sie gerne zu *Quellkartoffeln* (Pellkartoffeln), die in Teilen Hessens auch *gequellte Kartoffeln* oder auch *gequellte Grumbiirn* (Grundbirnen) hießen. Der Name hängt mit *quellen* (sieden) zusammen.

Einige Mühe machte die Herstellung von Käse: Von der entrahmten, sauren Magermilch wurde die *Molke*, das ‚Käsewasser', getrennt. Die *Molke* war und ist ein beliebtes Schweinefutter. Zurück blieb nur die *Matte*, der feste Rückstand der entrahmten, sauren Milch, von dem die *Molke* getrennt worden war. Aus der *Matte*, in die man Salz und Kümmel mischte, formten die Leute den einst sehr beliebten Handkäse. Zuletzt trockneten sie ihn und wuschen ihn abschließend ab, nachdem er den richtigen Reifegrad bekommen hatte. Der Schimmel, der sich gebildet hatte, musste ja entfernt werden.

Den Rest von Butter, Käse und auch Eiern, den man in einem großen bäuerlichen Haushalt – am Tisch aßen das Gesinde und auch die Tagelöhner mit – nicht verbrauchte, holte bei den meisten großen Bauern ein Händler. Er verkaufte ihn *gemäinerhaand* ‚gewöhnlich', wie man in Teilen Hessens sagte, auf den großen Märkten der benachbarten Städte oder zu Hause im eigenen Geschäft und verdiente ganz gut dabei.

All das hat sich im Laufe des 20. Jahrhunderts geändert. Die Bauern melken nicht mehr mit den Händen, sondern mit der modernen Melkmaschine, sie buttern nicht mehr selbst, stellen den *Handkäse* und den *Schmierkäse* ‚den Quark' nicht mehr selbst her, sondern liefern die Milch zur Weiterverarbeitung an die Molkereien. Wie sehr die Einführung der Melkmaschine in West- und Mitteleuropa als großer Einschnitt in der ländlichen Arbeitswelt empfunden wurde, das schildert G. Mak (S. 21f.) treffend an einem Einzelschicksal aus dem friesischen Dorf Jorweed. Die Verhältnisse waren hier nicht oder kaum anders als in hessischen Dörfern.

„1950 war Tjerk Sakes Castelein mit seinen 40 Kühen ein Großbauer. Morgens und mittags waren wenigstens vier Paar Hände nötig, um all das Vieh zu melken. [...] Anfang der fünfziger Jahre kam die Melkmaschine ins Dorf, und plötzlich konnten diese vierzig Kühe ohne weiteres von zwei oder drei Leuten gemolken werden. Kurz darauf ging man in der Gegend dazu über, die Pferde durch Traktoren zu ersetzen. In den ganzen Niederlanden gab es 1950 nicht einmal viertausend Melkmaschinen. 1960 waren es zehnmal so viele. Innerhalb von drei Jahrzehnten reduzierte sich die Arbeit, die auf eine durchschnittliche Milchkuh verwendet werden musste, um über 80 Prozent. Ende 1995 hatte Tjerks Sohn, Sake, etwa 70 Kühe, und er bewältigte die Arbeit im Wesentlichen allein, mit seinen zwei Händen [...]."

Diese Möglichkeit ist natürlich ohne die rasante Entwicklung, die gerade in allerletzter Zeit eingetreten ist, nicht denkbar. Die Bauern in allen hessischen Dörfern mussten sich an große Kühltanks gewöhnen, in denen die Milch in die großen Molkereien gebracht wurde. Was das Arbeitsleben einst mit prägte, nämlich die Milchsammelstelle mitten im Dorf mit einer Rampe, auf der die Milchkannen standen und von Lastwagen abgeholt wurden, gibt es schon lange nicht mehr. Seit den 1960er Jahren wird die Milch in Tankwagen abgeholt; Milchkannen werden nicht mehr einzeln befördert.

Der Bauernhof, auf dem seit vielen Jahrhunderten die Milch bis zu den Endprodukten Butter und Käse verarbeitet worden ist, blieb seit den sechziger bis siebziger Jahren des 20. Jahrhunderts nur noch die Anfangsstation einer sehr langen Kette: einer Kette von Weiterarbeit, die in großen Milchfabriken, den modernen Molkereien, stattfand, bis hin zu der pasteurisierten Milch, den zahlreichen Käsesorten und der steril abgepackten Butter.

II. Berufe im Wandel

Aus drei verschiedenen Zeiten stammt das Material, das Aufschluss gibt über die Situation einiger der wichtigsten Berufe in Land und Stadt.

1) Zunächst haben wir die Bestände des Hessen-Nassauischen Wörterbuchs, des Südhessischen Wörterbuchs und die Berichte der Gewährsleute von damals durchgearbeitet und die für uns wichtigen Stellen, besonders Sprichwörter und Redensarten, gesammelt und ausgewertet. Sie sind vor allem in die **zwanziger Jahre** des 20. Jahrhunderts einzuordnen. Dann haben wir Material, das wir schon
2) **Ende der sechziger Jahre** des letzten Jahrhunderts und schließlich
3) in den **letzten Jahren** des 20. Jahrhunderts und am Anfang dieses Jahrhunderts

aus allen Teilen unseres Bundeslandes eingebracht haben, unseren Belegen zugefügt. Es sind also die zwanziger, die sechziger und die neunziger Jahre des 20. Jh. und die ersten beiden Jahre des 21. Jh., die berücksichtigt worden sind.

In unseren Interviews sind wir von dem regionalsprachlichen, in erster Linie dem mundartlichen Wortschatz ausgegangen und haben besonders die bäuerlichen und einige handwerkliche Positionen des alten Dorfes, aber auch die der Stadt berücksichtigt. Nicht in unsere jetzt vorliegende Darstellung einbezogen haben wir die Arbeiter und die Angestellten, obwohl wir auch über sie ein umfangreiches Material gesammelt haben. Eine Analyse ihres „Status" hätte den geplanten Umfang der Publikation gesprengt. Ich hoffe, das Versäumte bald nachholen zu können.

Schon zu Beginn unserer Darstellung über die Berufe haben wir erkannt: Das mundartliche und das übrige regionalsprachliche Wortgut enthält, besonders dann, wenn es in die syntaktische Wendung (einen festen Satzteil) oder einen ganzen Satz eingebunden ist – bei Sprichwörtern ist es z. B. häufig der Fall – wichtige Aussagen über die gesellschaftliche Situation der einzelnen beruflichen Positionen.

Das mundartliche und das übrige regionalsprachliche Wortgut ist im starken Maße ein Spiegelbild sozialökonomischer Zustände, vor allem gilt das für die untersuchten Berufsgruppen. Es verweist auf genaue Vorstellungen, die die Gewährspersonen von der Soziallage der untersuchten Positionen haben. In den von uns gesammelten Belegen sind wichtige Images und Vorstellungsbilder enthalten, die der Mundartsprecher von den beruflichen Gruppierungen seiner heimatlichen Gesellschaft hat. Unter einem Image verstehen wir dabei „die Gesamtheit aller Wahrnehmungen, Vorstellungen, Ideen und Bewertungen, die ein Subjekt von einem Objekt besitzt, was dieses ‚Objekt' auch sein möge, ein Gegenstand, eine Person, eine Verhaltensweise, eine Situation, kurz alles, was in irgendeiner Form real ist. ‚Bild' ist ein dem Image entsprechender Ausdruck, wenn man unter Bild [...] die wahrgenommenen [...] Eigenschaften und Eigenheiten einer Gegebenheit versteht und die Bewertung und Deutung des Erlebten mit einbezieht." (G. Kleining 1961, S. 146). Im gesellschaftlichen Bereich weist es auf, „wie eine Person ihre Umwelt erlebt." (G. Kleining, S. 203).

Nach dem vorgelegten Material ergibt sich, dass unsere Informanten mit jedem der untersuchten Berufe bestimmte Wertschätzungen verbinden, ja dass sich der Ansatz zu einer beruflichen Prestigestruktur, also zu einer Rangskala des Ansehens ergibt. Außerdem haben sich bedeutsame Änderungen im Sozialaufbau im Laufe der letzten Jahrzehnte vollzogen. Unsere Ausführungen über die gesellschaftliche Wertschätzung der einzelnen Berufe entsprechen den Erkenntnissen, die in der soziologischen Fachliteratur vorgelegt worden sind. Schon 1956 meinte R. Dahrendorf (S. 106) z. B.: „Wo einer in der Gesellschaft ‚steht', welches Prestige er genießt, wer sich mit ihm und mit wem er sich assoziiert, ist vorwiegend durch seinen Beruf bestimmt." Und in einer anderen Darstellung hieß es schon vor fast fünfzig Jahren: „[...] das Bedürfnis, von der Umwelt [...] anerkannt zu werden, scheint ein unaufhebbares menschliches Grundbedürfnis zu sein. [...] Ohne Zweifel verbindet sich diese Anerkennung heute noch mit der beruflichen Situation des einzelnen. [...] Der Beruf ist immer noch weithin der Kern der Selbstwertschätzung und des Selbstverständnisses des Menschen. [...]" (H. Kluth 1955, S. 29).

Daran hat sich bis heute nichts geändert. Unsere Sprachbelege lassen zunächst erkennen, dass die Landwirte die Funktionswandlungen des bäuerlichen Berufes, die sich schon seit den dreißiger Jahren vollzogen haben, genau erfassen. Mit ihnen wollen wir uns zunächst beschäftigen.

1. Bäuerliche Berufsgruppen im Spiegel des mundartlichen Wortschatzes

a) Der Erwerbslandwirt

Zu einem selbstständigen bäuerlichen Betrieb – dem *Werk* des Erwerbslandwirts –, der die einzelnen Familienmitglieder in befriedigender Weise ernähren musste und muss, gehörten bis in die dreißiger Jahre des 20. Jh., z. T. bis kurz nach dem letzten Weltkrieg das Wirtschafterehepaar, der Hoferbe, eventuell die Altenteiler, daneben die Knechte und die Mägde und oft auch nachgeborene Söhne oder Töchter der Besitzerfamilie, die bis zu ihrem Tode als ledige Arbeitskräfte mit vollem Familienanschluss auf dem Hof blieben. Außerdem halfen die Saisonarbeiter, die Tagelöhner, bei den wichtigsten Jahresarbeiten. Seit den 1950er Jahren ist das Gesinde im

Zuge der gesamtgesellschaftlichen Entwicklung in die Industriebetriebe der näheren oder ferneren Umgebung abgewandert, sodass die Besitzerfamilien heute ohne fremde Arbeitskräfte ihre Höfe bewirtschaften müssen.

In einer großen Zahl von Beispielen der Gewährsleute, die in den zwanziger und den sechziger Jahren des 20. Jh. gelebt haben, und nach den Aussagen der Ältesten unserer Tage wird der Erwerbslandwirt in einer einstigen sozialen Stellung geschildert, die heute lange schon geschwunden ist. Weil er z. B. seinen Familienangehörigen, seinem Gesinde und z. T. den von ihm abhängigen Tagelöhnern noch vor und auch noch nach dem Ersten Weltkrieg wirtschaftliche Sicherheit garantierte – Existenznot gab es deshalb für sie kaum –, kam es u. a. zur Entwicklung patriarchalischer Familien- und Betriebsformen, die besonders im Wortgut überliefert sind. Immer wieder weisen besonders unsere heute 80- bis 90-jährigen Informanten darauf hin, dass das Bild des früheren selbstständigen Bauern, von dem wir zunächst berichten wollen, heute nicht mehr oder nur noch selten existiert: das Wortgut, in dem es deutlich wird und das z. T. auch lange schon veraltet ist, konnte nur noch beim Gespräch der Alten untereinander und durch eine sorgfältige Intensivbefragung erfasst werden.

Zunächst wird in den Belegen die Vorstellung vom wirtschaftlich gesunden bäuerlichen Beruf, wie er in der ersten Hälfte des 20. Jahrhunderts existierte, deutlich. Die Aussagen, bei denen es kaum Unterschiede zwischen den verschiedenen Berufsgruppen gibt, beziehen sich oft auf den Reichtum der Bauern, die Größe des Hofes und damit auf die Fähigkeit des Erwerbslandwirts, nicht nur die arbeitsfähigen, die ‚generativ vollwertigen' Mitglieder seiner Familie, sondern auch die Kinder und die Altenteiler gut zu ernähren. Die wirtschaftliche Sicherheit, der befriedigende materielle Lebensstandard spielen in vielen Sprachbelegen, auch in Sprichwörtern und Redensarten, eine Rolle. So heißt es *Ein Bauer hat Backen wie ein Hamster* oder *Ein Bauer kaut auf zwei Backen* ‚ein Bauer ist gut genährt'. Oder: *Ein Bauer schmiert die Butter wie Lehm* ‚sehr dick'; *der Bauer kann Butter und Huingk* ‚Honig' *zusammen essen*; *Wann mer* ‚wenn man' *Butter und Käse zusammen will essen, muss man Bauer sein oder zwei Häuser haben.* Aufschlussreich für die zufrieden stellende oder gute sozialökonomische Situation des Bauern im Spiegel des alterssprachlichen Wortschatzes sind weiterhin Äußerungen wie *Der Bauer hat äbes* ‚etwas' *in den Fingern* ‚ist reich'; *Der Bauer hat sein Gerstchen im Trockenen* ‚hat seinen sicheren Besitz'; *Wo Tauben sind, fliegen Tauben zu* oder *Bie* ‚zu' *was will was* ‚zu Geld kommt leicht weiteres Geld'; *Dem Bauern tragen alle Äcker Weizen* oder *Dem Bauern sein Weizen blüht* ‚der Bauer macht meist gute Geschäfte'; *Bauern und Geschäftsleute leben wie der Vogel im Hanfsamen* ‚leben im Überfluss'. Aus den zahlreichen Redensarten und Sprichwörtern, in denen die große Bedeutung und auch Wertung von Besitz und Geld deutlich werden, greifen wir noch heraus: *Gut gebacken spürt man vierzehn Tage, gut geschlachtet das ganze Jahr, ein Bauerskind geheiratet das ganze Leben; Der Bauer und der Geschäftsmann haben Geld wie Heu, haben viel altes Holz* (Holz ist und war ein Zeichen der Wohlhabenheit); *Der Bauersmann stäubt wie ein Mehlsack, wenn man drauf kloppt* ,klopft' oder *steht sich besser wie jeder Formermeister* ,ist sehr begütert'.

Nach der Meinung unserer heute noch lebenden alten Informanten war der Erwerbslandwirt nicht nur reich und besaß daher einen hohen materiellen Lebensstandard, sondern Besitz und Wohlhabenheit „machten das Selbstbewußtsein des Bauern aus, das in letzter Konsequenz zu einem buchstäblichen patriarchalischen Selbstverständnis führt, indem der Bauer sich selbst in den Hofrhythmus in geradezu kultischer Handlung hineinbegibt." (M. Schäfer, S. 28, vgl. auch Industrie im hessischen Hinterland, Heft 23). Bedeutungsvoll für uns sind die Motive, die von den alten Gewährsleuten für die patriarchalische Stellung, die der selbstständige Hofbesitzer früher besaß, genannt werden. Beim Tode eines Bauern hieß es: *Einen guten Mann verloren haben*, d. h. einen einflussreichen Mann, der einem wohl wollte. Der Verlust betraf vor allem die Familienmitglieder, er betraf das Gesinde und auch die Tagelöhner, für die der tote Betriebsleiter zu seinen Lebzeiten materielle Fürsorgepflichten übernommen hatte (bei den Tagelöhnern Überlassung von Holz für den Winterbrand, von Kartoffeln u. v. a.) und die deshalb wirtschaftlich und auch sozial von ihm abhängig waren. *Früher hat der Bauer die Hände über den geringen Mann gehalten,* hörten wir oft auch heute noch von den Ältesten. Auch diese Aussage ist ein Beweis für die ehemalige patriarchalische Betriebsverfassung des Bauernhofs. Die Beziehungen zwischen dem Hofbesitzer auf der einen, dem Gesinde und den abhängigen Tagelöhnern auf der anderen Seite waren bis in die zwanziger, z. T. bis in die dreißiger und vierziger Jahre des 20. Jahrhunderts überwiegend autoritär. Aber auch der Hoferbe und erst recht die übrigen Kinder des Bauern hingen wirtschaftlich vom Vater ab und besaßen daher kaum betriebliches Mitspracherecht; partnerschaftliches Verhalten gab es nur selten. So heißt es: *Der Bauersmann hilft seinen braven* (d. h. gehorsamen) *Kindern und seinen geringen Leuten auf die Strümpfe* (geringe Leute sind Arbeiter und Berufslose, die ihm bei den Erntearbeiten halfen) ,steht ihnen in bedrängter Lage bei'. Die ökonomischen Voraussetzungen – die Armut oder die nur sehr geringe Wohlhabenheit der Arbeiter und der Berufslosen, die wirtschaftliche Abhängigkeit der Kinder vom Vater – waren Ursachen für die Machtfülle des Erwerbslandwirts. „Vaterherrschaft oder Patriarchat ist diejenige Familienordnung" – wir müssen hinzufügen: und diejenige Betriebs- und Gesindeordnung –, „bei der die Gewalt in den Händen des Mannes liegt" (U. Planck, S. 10), und zwar in den Händen des Betriebsleiters. Diese autoritäre Stellung des Bauern, die aus seiner Rolle als Ernährer erwuchs, wird auch deutlich in Aussagen wie *Der Bauermann hält die Hände über seine Leute* oder *Wenn der geringe Mann die Bach nicht nobmache* ,hinabschwimmen, d. h. nicht verhungern' *will, muss er dem Bauern am Bändel hängen,* d. h.: muss ihm bei den wichtigsten Arbeiten des Jahres helfen.

Von Bedeutung für die soziale Lage, für den hohen „sozialen Status" des Hofbesitzers waren auch sein großer gesellschaftlicher Einfluss und seine Vergünstigungen und Privilegien in der dörflichen Gemeinschaft. So heißt es: *Dem Bauern (dem goldenen Esel) stehen alle Türen auf* oder *Nur der Bauer wird Bürgermeister.* Da seine Stellung nicht von der Willkür oder dem „Goodwill" irgendeines Vorgesetzten abhängig war, *braucht er kein Blatt fürs* ‚vor das' *Maul zu nehmen,* d. h. kann er ohne Angst vor Arbeitslosigkeit und wirtschaftlicher Not frei seine Meinung sagen.

Unsere Gewährsleute wiesen immer wieder auf diese eine spezifische gesellschaftliche Situation des großen, selbstständigen Bauern hin: er war, im Gegensatz zu den Angehörigen der meisten anderen Berufe im Dorf, wirtschaftlich selbstständig und stolz auf seine ökonomische und auch soziale Unabhängigkeit. Bedrückenden und demütigenden Unterordnungsverhältnissen im Beruf, wie sie etwa bei Arbeitern, besonders bei an- und ungelernten Arbeitern vorkamen, war er nicht ausgesetzt. Wegen seiner ökonomischen Sicherheit und seiner beruflichen Unabhängigkeit genoss er großes Ansehen in der Gemeinschaft. Dieses hohe bäuerliche Berufsprestige wird deutlich in Aussagen wie *Der Bauer hat nen guten Namen* ‚ist besonders angesehen' oder *stammt von keinen geringen Leuten* ‚hat wie seine Vorfahren einen hoch geschätzten Beruf'.

Allerdings hörten wir besonders aus den 1960er Jahren und aus der jüngsten Vergangenheit auch eine Reihe negativer Urteile über den Erwerbslandwirt. Sein (einstiger) Hang zum Autoritären findet auch Kritik: *Wer wie der Bauer die Geisel* ‚Peitsche' *hat, der tut platzen* ‚Wer Macht hat, benutzt sie auch bedenkenlos'. *Wenn man bei den Herren ist, muss man mit ihnen gauzen,* hieß es resigniert und auch mit dem Gefühl der sozialen Benachteiligung bei den Tagelöhnern. Eine kategorische Ablehnung von Privilegien, die dem Erwerbslandwirt und seiner Familie zugute kamen, hörten wir auch in Aussagen wie *Der Bauer schöpft immer den Schmant* ‚Rahm' *ab* ‚wird immer bevorzugt'. Dieselbe Bedeutung hat: *Der Bauer kriegt immer ein extra Würstchen gebraten.* Kritik und Ablehnung wird auch deutlich in den Aussagen *Der Bauer kann den Hals nicht vollkriegen* ‚ist habgierig' und *Bauerngunst geht vor Recht.*

Jedoch erhält unser Material viel mehr positive als negative Belege über die Bewertung des Erwerbslandwirts. So heißt es *Der Bauer macht sich gemein mit den geringsten Leuten* oder *ist nicht stolz* ‚ist freundlich zu den Angehörigen der Arbeiterschichten'.

Wichtig zur Charakterisierung der bäuerlichen Lebenslage sind auch die Belege über die Heiratschancen der Kinder. Von besonderer Bedeutung scheint uns eine Aussage wie *Armer Leute Rinder* (vor allem sind die Rinder der Kleinbauern und Nebenerwerbslandwirte gemeint) *und reicher Leute Kinder* (der Bauern Kinder) *kommen schwinn* ‚schnell' *unter.* Bemerkenswert waren also die guten Heiratsaussichten, die Söhne und Töchter der Erwerbslandwirte gehabt haben. Ihre Lebenschancen, z. B. Sicherheit vor Arbeitslosigkeit und deren wirtschaftlichen Folgen, und ihr materieller Lebensstandard galten als so gut, dass viele Eltern, vor allem die aus rangniedrigeren Berufsgruppen, sich einen „Bauernjungen" oder ein „Bauernmädchen" als Ehepartner für das eigene Kind wünschten. Dem stand allerdings die Ablehnung einer Heirat durch die selbstständigen Bauern entgegen. Die Erwerbslandwirte widersetzten sich dann einer Ehe, wenn ihre Kinder Partner wählten, deren beruflicher Status allzu weit unter dem eigenen lag: *Sie mengten* dem Aufstiegswilligen *Dreck in den Lehm* ‚versuchten die Migration zu verhindern'. So war ein Bauer gegen den Wunsch seines Sohnes, ein Arbeiterkind ohne Vermögen und nennenswerte Aussteuer zu heiraten, denn: *Aus ner schönen Schüssel isst man sich nicht satt.* Sie lehnten erst recht einen Schwiegersohn aus Arbeiterkreisen ab, weil eine Verbindung mit ihm einst sehr wahrscheinlich materielle Not und soziale Unsicherheit, auf jeden Fall aber einen sozialen Abstieg für eine Landwirtstochter bedeutete. Ein Bauernmädchen wäre durch die Heirat mit einem schlecht verdienenden Hilfsarbeiter *vom Gaul auf den Esel, auf die Gest* ‚Ziege' gekommen. Immer wieder wiesen unsere alten bäuerlichen Informanten darauf hin, dass Eheleute besonders im Besitz zueinander passen mussten. *Ein Ochse und eine Gest* ‚Ziege' *geben ein schlecht Gespann.* Warnend begründeten sie ihre Ablehnung: *Jedes Tier bleib bei seinem Trog, dann wird es nicht gebissen; Wer sich unters Grüne mischt, den fressen die Gänse; Wer sich unter die Kleie mengt, den fressen die Säue; Es muss sich jeder nach seiner Decke strecken* ‚in seine Berufsgruppe oder darunter heiraten', *wenn ihm die Füße nicht bloß liegen sollen.* Nach Ansicht unserer alten bäuerlichen Informanten waren die Anpassungsschwierigkeiten für Arbeiter und Gelegenheitsarbeiter, die durch Heirat in die Gruppe der Erwerbslandwirte aufsteigen wollten, also kaum zu überwinden. Gerade die kleine dörfliche Gemeinschaft kannte die niedrige soziale Stellung der Arbeiter, besonders die der Hilfsarbeiter. Der einzelne Erwerbslandwirt lehnte junge Leute aus diesen Gruppen daher nicht nur persönlich als Ehepartner für seine Kinder ab, sondern er warnte den (die) Aufstiegswilligen auch vor dem Druck der gesamten bäuerlichen Schicht und vor ihren Sanktionen: dazu gehörten Beendigung privater geselliger Kontakte des aufgestiegenen Erwerbslandwirts, mögliche Verweigerung von Hilfsleistungen bei den Dresch- und Erntearbeiten usw. Wir konnten noch eine Fülle von Sprachbelegen aufzeichnen, in denen die Bauern ihre Kinder von der Ehe mit Partnern aus sog. rangniedrigeren Gruppen zurückzuhalten suchten oder in denen ihr Zorn über einen vollzogenen Eheschluss deutlich wird. So berichteten bäuerliche Gewährsleute u. a. *Das Bauernmädchen darf sich keinen geringen Mann aufgabeln, sonst wird's ihm noch übel aufkrotzen* ‚eine Bauerntochter soll nicht aus Neigung einen Arbeiter o. ä. heiraten, sonst wird sie ihre Wahl noch bereuen'. *Wenn man in die Bornnesseln* ‚Brennesseln' *greift, verbrennt man sich die Finger'*, d. h. wird man bald in materielle Not oder wirtschaftliche Unsicherheit geraten. Oder es heißt sehr derb: *Wenn eine Sau in der Chaise fährt, bleibt sie doch eine Sau,* d. h. der Arbeiter wird auch als Bauer seine schlechten Manieren u. a. nicht aufgeben; *Wenn der Dreck zu Mist wird, will er gefahren sein* ‚ein Hilfsarbeiter oder Berufsloser wird, sollte er Bauer werden, leicht hochnäsig'.

Doch bei der geschilderten Vorzugsstellung des Erwerbslandwirts sollte es nicht bleiben. Schon im Sprachmaterial, das bei den mittleren Jahrgängen in den 1950er Jahren gesammelt worden ist, wird immer wieder deutlich, dass diese Sonderstellung der selbstständigen Bauern schwindet. Darauf haben die etwa vierzigjährigen Gewährsleute der Zeit um 1957 bis 1959 bei der Sammlung und der Deutung des damaligen Sprachmaterials und bei der Intensivbefragung immer wieder verwiesen.

Zwar haben nach der Vorstellung mancher jüngerer Bauern aus den fünfziger Jahren des 20. Jh. und sogar aus der Gegenwart die ehemaligen Erwerbslandwirte, also die großen Gäulsbauern, ihren alten sozialen Prestigerang noch weitgehend erhalten: Wirtschaftliches und soziales Sicherheitsgefühl bestimmen nach den uns vorliegenden Äußerungen die berufliche Situation des selbstständigen Bauern. Manche, aber bei weitem nicht mehr alle Angehörigen der Erwerbslandwirte – besonders die aus den 1950er Jahren – bekennen sich also noch zu der übernommenen Rangfolge: also zu dem hohen Prestige des Bauern. Nach der Vorstellung der meisten Arbeiter und Angestellten aus den fünfziger Jahren des 20. Jh. und erst recht der Informanten unserer Tage halten sie damit jedoch am veralteten sozialen Leitbild fest.

Für Facharbeiter, jedoch auch für an- und ungelernte Arbeiter, für mittlere Angestellte oder sogar Gelegenheitsarbeiter sind die überkommenen Rangstufen der Berufsschichten nicht mehr gültig. Die zahlreichen negativen Äußerungen, die wir bei ihnen belegen konnten, weisen deutlich darauf hin, dass für die nichtbäuerlichen Schichten die soziale Prestigeüberlegenheit des selbstständigen Erwerbslandwirts gegenüber den meisten anderen Gruppen schon lange nicht mehr besteht.

Diese Vorstellung ist erst recht in der Gegenwart, besonders bei den jungen Leuten verbreitet, und zwar in allen untersuchten beruflichen Positionen. Nur ein kleiner Teil der jungen Bauern, meist Hoferben, werten den Beruf des selbstständigen Landwirts noch wie die Eltern und Großeltern. Nach der Ansicht aller anderen Informanten *haben die Bauern die besten Birnen gelesen* ‚ist die wirtschaftliche und soziale Vorzugsstellung in der dörflichen Gemeinschaft geschwunden'.

Natürlich hörten wir auch bei den Jungen heute noch positive Urteile, z. B.: *Der Bauer lässt sich nicht für dumm verkaufen, he* ‚er' *kann sagen: Herr ist Herr und Knecht ist Knecht* ‚ist stolz auf seine wirtschaftliche Unabhängigkeit'. Im Ganzen aber überwiegen die kritischen Äußerungen. So registrieren wir viele Belege, in denen die schwere körperliche Arbeit, außerdem die unregelmäßige und zu lange Arbeitszeit als negative Kennzeichen der Berufssituation gewertet werden: *Der Bauer ist das geplagteste Stück Vieh* ,muss sehr viel arbeiten'; *Es gibt nichts Ärmeres wie* ,als' *ein Bauer, der sich das ganze Jahr über plagen muss wie eine alte Kuh im Herbst* (schwere Ernte- und Saatarbeiten); Einem Bauer wird *für* ,vor' *Arbeit das Leben sauer; Bauern und Arbeitsleute müssen arbeiten wie die Drescher, wie die Gäule.*

Aber nicht nur die bäuerlichen Arbeitsbedingungen, die sich im Laufe von zwei Generationen für den selbstständigen Landwirt verschlechtert haben, weil er alle anfallenden Arbeiten selbst ausführen muss, verursachen die kritischen oder negativen Einstellungen zum Beruf des Erwerbslandwirts, sondern auch die nach modernen Auffassungen geringe wirtschaftliche Ergiebigkeit des Bauernhofs und die gesunkenen Heiratschancen des Hoferben, also seine Ablehnung als Ehepartner und Schwiegersohn. So sind uns die Äußerungen über das geringe Bargeld manch einer Bauernfamilie besonders aufgefallen: *Der Bauersmann findet das Geld nicht wie früher im Dreck, stinkt nicht mehr wie dazumal* ,früher' *nach Geld, muss das Geld mit der Leuchte* ,Lampe' *suchen; Der Bauer hat deg* ,oft' *kein bisschen bar Geld in der Hand; Geld und Arbeitsleute* ,Tagelöhner' *bleiben nicht lange beim Bauersmann; Der Bauer hat Geld zu brauchen.* Während also, das beweisen unsere Belege, bei den selbstständigen bäuerlichen Familienbetrieben, aber auch bei den „kleinbäuerlichen Existenzen das physiologische Existenzminimum praktisch immer gesichert ist, hapert es an dem Bargeld, das nötig ist, um einen gewissen Lebensstandard zu erhalten, für den man das Vorbild aus anderen Teilen der Gesellschaft bezieht" (Kötter, S. 116).

Auf die Behinderung der Heiratschancen, die nach verbreiteter Vorstellung heute für den Hoferben besteht, verweisen u. a. folgende Aussagen: *Es ist kein Geriss mehr um den Bauernjungen: Früher hat der Bauer auf nem hohen Gaul geritten* ,war stolz', *heute kriegt er noch nicht mal ne junge Frau* ,Schwiegertochter' *ins Haus; Lass das Mädchen einen Bauern heiraten, dann wird es schon zu sich kommen* ,zur Einsicht kommen und seinen Schritt bereuen'; *Mädchen, heirate nur keinen Bauern, wenn du den geheiratet hast, gehst du daran kaputt; Wenn ein Mädchen einen Bauern heiratet, wird es noch aut* ,etwas' *gewahr werden* ,wird es den Schritt noch bereuen'; *Einen Bauern zu heiraten, bei ihm auszuhalten, ist barbarisch schwer* ,sehr schwer'. Die Kritik am Beruf des Erwerbslandwirts hängt nach unseren Belegen nicht nur mit seinem gesunkenen gesellschaftlichen Einfluss und mit dem Schwinden seiner Macht und Anordnungsbefugnis zusammen, sondern vor allem mit dem schweren Los einer jungen Frau, die einen jungen Bauern heiratet; dazu zählen die schmutzige und harte körperliche Arbeit, die karge Freizeit, die unregelmäßige Arbeitszeit usw. Von besonderer Bedeutung scheint uns die Tatsache zu sein, dass sich die Abneigung gegen die harte, z. T. sogar gesundheitsschädliche landwirtschaftliche Tätigkeit und damit gegen die

Heirat mit einem Erwerbslandwirt oder einer Erwerbslandwirtstochter nicht nur auf die nichtbäuerlichen Schichten beschränkt, sondern auch bei vielen jungen Landwirten selbst festzustellen ist. Wegen der verbreiteten negativen Einstellung zum Beruf des selbstständigen Bauern ist daher nur noch eine kleine Gruppe von zweiten oder dritten Bauernsöhnen bereit, in einen Familienbetrieb einzuheiraten; darauf wiesen unsere Informanten immer wieder hin.

Fassen wir zusammen: In weiten Teilen Hessens besitzt der Erwerbslandwirt keine wirtschaftlichen und keine sozialen Vorrechte mehr. Das beweisen unsere Belege, und darauf machten unsere Gewährsleute bei der Intensivbefragung aufmerksam.

Wir haben darzustellen versucht, wieso sich die positiven Einstellungen zur Landarbeit im Allgemeinen und zur Berufsposition des selbstständigen Landwirts im Besonderen für viele Menschen gewandelt haben. Die soziale Bevorzugung des Bauern und seine Sonderstellung im Dorf, die nach Ansicht unserer Informanten früher bestanden und die im Wortgut noch zu fassen waren, hatten zahlreiche Gründe, von denen wir einige wichtige nennen konnten: Der materielle Lebensstandard der Erwerbslandwirte war höher als der, den die meisten nichtbäuerlichen Schichten in den Dörfern besaßen. Der Besitz bildete „nicht nur die wirtschaftliche Grundlage der Bauernfamilie", sondern verlieh ihren Angehörigen „auch nach außen hin Ansehen" (Planck, S. 47). Für das Drei-Generationsgefüge der Landwirtsfamilie und für das Gesinde war der Hofbesitzer der „Inhaber der Verfügungsgewalt". Eine besondere Stärkung der bäuerlichen Autorität und der traditionell-patriarchalischen Betriebsverfassung lag aber auch darin begründet, dass der Erwerbslandwirt nicht nur für Gesinde und erwerbsunfähige Familienmitglieder, sondern auch für die Tagelöhner, die bei den wichtigsten Jahresarbeiten halfen, wirtschaftlich zu sorgen hatte.

Die Vorzugsstellung und die relativ große Abgeschlossenheit der Erwerbslandwirte gegenüber den nichtbäuerlichen Schichten zeigte sich in den Heiraten zwischen den Berufsgruppen, im „Internubium". Die Analyse der Belege ließ uns erkennen, dass die Ablehnung von Heiratsbeziehungen zu den Arbeitern durch die Hofbesitzer einst zu den wichtigsten bäuerlichen Verhaltensnormen gehörte. Wir sahen darin ein kennzeichnendes Symptom für die Existenz sozialer Schranken, die von den Erwerbslandwirten gegenüber den Arbeiterschichten aufgebaut worden sind.

In jüngster Zeit haben sich die Verhältnisse – Arbeitsverfassungen, Heiratsbeziehungen u. v. a. – grundlegend geändert. Der Bauer konnte seine relativ hohe Stellung in der Sozialpyramide nicht halten. Die „sog. Gesindearbeitsverfassung" ist [...] „nicht mehr zeitgemäß und muss in gewisser Weise als ein Relikt eines völlig anders gearteten Wirtschafts- und Sozialsystems angesehen werden" (Kötter, S. 129). Ledige Arbeitskräfte, d. h. Knechte, Mägde, aber auch Geschwister des Hofbesitzers, die auf dem Hof des Bruders arbeiteten, gibt es daher nicht mehr; zu den wichtigsten betriebswirtschaftlichen Veränderungen gehört somit der Zwang für die Besitzerfamilie, alle Arbeit selbst zu erledigen. Zwar erleichtern und ersetzen die Maschinen viele Tätigkeiten, die Arbeit für den Einzelnen ist jedoch zu lange, zu unregelmäßig und auch körperlich meist zu anstrengend. So ist es denn keine Überraschung, dass Arbeiterkinder nur noch sehr selten bereit sind, in einen Hof einzuheiraten; ihr berufliches Anerkennungsstreben kann die Industrie besser erfüllen. Der Besitz eines Hofes gilt nicht in dem Maße wie früher als Mittel der wirtschaftlichen Sicherung. Wegen der relativ schweren körperlichen Arbeit, wegen der geschwundenen Anordnungsbefugnis des Hofbesitzers u. v. a. empfindet ein Angehöriger der Arbeitergruppen, auch der Kleinbauern und Nebenerwerbslandwirte, die Einheirat in einen bäuerlichen Betrieb nicht mehr als sozialen Aufstieg. Er weiß, dass der Erwerbslandwirt wegen des Fehlens fremder, lediger Arbeitskräfte „überspitzt formuliert [...], auf gewisse quasi-aristokratische Lebensformen verzichten muss und dem Arbeiter immer ähnlicher wird" (Kötter, S. 132), dass er in mancher Hinsicht (Freizeit, Reisen u. v. a.) ihm gegenüber sogar wesentlich benachteiligt ist.

Aus all dem ergeben sich wichtige Folgerungen, nicht zuletzt für das Verhalten der Politiker. Ich habe schon öfter darauf verwiesen, zuletzt 1998 (S. 94):

Man muss nach Wegen suchen, wie man das Leben auf dem Land auch für den selbstständigen Bauern lebenswerter machen und wie man das bedenkliche „Bauernsterben" der jüngsten Vergangenheit aufhalten kann. Es ist nicht zu akzeptieren, dass in Hessen in den letzten Jahren immer mehr selbstständige Bauern ihre Betriebe aufgeben mussten. Schon an anderer Stelle habe ich die Verantwortlichen aufgefordert zu überlegen, ob man die Landwirte nicht noch mehr als bisher dazu motivieren kann, die so genannte „Veredelungswirtschaft" oder stärker als bisher die Direktvermarktung in ihren Betrieben einzuführen oder ihre Arbeit auf den „Bioanbau" umzustellen. Wie immer man zu solchen Plänen steht, die ich im Einzelnen nicht beurteilen kann, so weisen sie gerade auch für die noch bestehenden Familienbetriebe auf die Notwendigkeit hin, alles zu tun, was politisch möglich ist, damit der noch vorhandene Teil der selbstständigen Landwirtschaft erhalten bleibt. Denn keine Volkswirtschaft, das habe ich schon vor Jahren betont, kann es sich leisten, ganz auf seine bäuerlichen Betriebe zu verzichten. Die Landwirte haben in der Zukunft, im Streben nach Globalisierung innerhalb der Europäischen Union, gerade in den einzelnen Regionen noch große Aufgaben, z. B. im wichtigen Ausgleich zwischen Ökologie und Ökonomie. Deshalb ist es ein dringender Wunsch der Wissenschaft, die Bestrebungen der Männer und Frauen zu unterstützen, die dafür eintreten, dass die bäuerlichen Betriebe als Garant für intakte Natur und Umwelt erhalten bleiben.

b) Der Kleinbauer und der Nebenerwerbslandwirt

Zu den Kleinbauern rechnen wir in unserem Gebiet Landwirte, deren Höfe mindestens 8 bis 10 Hektar groß sind. Sie können (konnten) vom Ertrag dieser Betriebe in befriedigender Weise nicht leben und müssen (mussten) daher während der Wintermonate, oft auch zwischen der Heu- und Roggenernte, zur „Ergänzung des Einkommens [...] zu außerlandwirtschaftlichem Erwerb" greifen, meist „[...] in Form der nichtselbstständigen Beschäftigung" (Weippert, S. 147).

Betriebe darunter wurden dagegen meist im Nebenberuf bearbeitet. „Neben der Bindung an Industrie und Landwirtschaft zur gleichen Zeit, wie sie der Arbeiter-Bauer", der Nebenerwerbslandwirt, „hat, ist hier auch der Übergang von einem Berufsbereich zum anderen im Laufe des Lebens üblich. Besonders Fernpendler ziehen sich gern etwa um das 50. Lebensjahr – wenn die Kinder groß geworden sind und mit zunehmendem Alter Pendeln immer beschwerlicher wird – auf ihre kleine Landwirtschaft zurück. Wohnung und Verpflegung liefert der landwirtschaftliche Betrieb, und gemeinsam mit der kleinen Rente dieser Frühinvaliden reicht dieses Einkommen aus, um die geringer gewordenen Ansprüche des alternden Ehepaares zu befriedigen. Bei diesen Betrieben bereitet die Frage Schwierigkeiten, wie der relativ große Nebenerwerbsbetrieb über die Zeit der industriellen Erwerbstätigkeit des Betriebsleiters hinwegzubringen ist. In manchen Fällen steht der Vater noch zur Verfügung, der gemeinsam mit den beiden Frauen die Arbeit in der Landwirtschaft verrichten kann. Wenn der Anschluß der Generationen aber nicht erreicht ist, kommt es zu einer ausgesprochenen Bedrängniszeit." (Kuhnen, S. 140).

Auf diese Bedrängniszeit und auf die Arbeitsüberlastung, der die Angehörigen der beiden Berufspositionen ausgesetzt waren, verweist unser Wortgut. Wir registrieren: *Der Kuhbauer wird das ganze Jahr über trischakt wie ein Drescher* ‚muss hart arbeiten'. Von einem stets eiligen Menschen, der seiner vielen Arbeit wegen kaum zur Ruhe kommt, heißt es: *Der hat eine Hitze wie ein Kuhbauer, [...] wie ein Kuhbauer auf Johanni* (d. i. die Zeit der Heuernte, in der die Kleinbauern und Nebenerwerbslandleute besonders viel zu tun haben) oder *der rennt wie ein Kuhbauer.* Ist ein vierzig- bis fünfzigjähriger Kleinbauer oder Nebenerwerbslandwirt todkrank, dann sagt man von ihm: *Vom vielem Arbeiten gehen die besten Fahrkühe kaputt.* Wir hörten weiter: *Schon mancher Kuhbauer hat sich zu früh den Rest gelangt* ‚seine Gesundheit zu Grunde gerichtet'; *Der muss ja roiseln* ‚sich plagen' *wie eine Fahrkuh im Herbst; Der Kuhbauer ist immer am Wühlen* ‚ist rastlos tätig'; *der Kuhbauer arbeitet wie's Unglück.*

Die tägliche Arbeitszeit ist für die Angehörigen beider Gruppen deshalb so lang, und die Arbeitsverhältnisse sind im Ganzen so unbefriedigend, weil man in Nebenerwerbslandwirtschaften – soweit sie heute noch vorhanden sind – und in „kleinbäuerlichen Betrieben [...] mit zeitraubenden, längst überholten Methoden arbeitet." (Lebensverhältnisse ..., S. 81).

Trotz der vielen Arbeit und der starken Überlastung, besonders der der Bäuerin, aber auch der übrigen Familienmitglieder, waren die Einkommensverhältnisse nicht sehr befriedigend. Darauf weisen unsere Informanten immer wieder bei der Intensivbefragung hin. Die absolute Höhe des gesamten Familieneinkommens war besonders bei den kleinen Nebenerwerbslandwirten, deren Betriebe etwa 2 bis 4 Hektar groß waren, bis nach dem letzten Weltkrieg so niedrig, dass *auf ihren Äckern die Steine wuchsen* ,dass sie die schlechtesten Äcker in der Gemarkung besaßen' und dass sie, aber auch die Kleinbauern, wegen ihrer schweren industriellen und landwirtschaftlichen Arbeit *schon mit 50 Jahren nach unten wuchsen* ,krumm wurden'. Besonders bei den Zwanzigjährigen und einem Teil der Vierzigjährigen gab es schon in den 1960er Jahren deshalb starke Kritik: *Die Brühe kommt teurer wie* ,als' *die Brocken* ,der Ertrag steht in keinem Verhältnis zum Wirtschaftsaufwand'.

Trotz der vielen Arbeit und der harten Arbeitsbedingungen war früher nun kaum berufliche Unzufriedenheit vorhanden. Die Kritik an der Situation beider Berufe und der landwirtschaftlichen Arbeit überhaupt begann nach unseren Beobachtungen und Gesprächen verstärkt erst in den fünfziger Jahren. Aufschlussreich für uns sind daher zunächst die positiven Urteile, mit denen die **frühere** Position von Kleinbauern und Nebenerwerbslandwirten charakterisiert wird. Man wies darauf hin, dass man im Landbesitz der Kleinbauern und der Nebenerwerbslandwirte eine Garantie für deren wirtschaftliche und soziale Sicherheit erblickte. Vor allem der Wunsch, sich durch landwirtschaftliche Eigenerzeugnisse vor Notzeiten, vor den Folgen der möglichen Arbeitslosigkeit und auch vor bedrückender beruflicher Abhängigkeit zu schützen, war nach unseren Untersuchungen ein wichtiger Faktor im Sozial- und Berufsbewusstsein der Kleinbauern und der Nebenerwerbslandwirte selbst. So konnten wir belegen: *Eine Kuh deckt viel Armut zu; Der Kuhbauer lässt sich nicht das Fell über die Ohren ziehen, der hat sein Werk* oder *der braucht dem Reichen nicht um den Bart zu schmieren,* d. h. er ist wirtschaftlich nicht so abhängig wie der Arbeiter ohne Landbesitz. *Einem Kuhbauern kann man nicht so leicht einen Knüppel in die Speichen stecken wie dem Arbeitsmann* ,der muss nicht so bedingungslos Anordnungen befolgen wie der Arbeiter'.

Diese Wertschätzung des kleinbäuerlichen Besitzes und der davon abhängigen Sicherheitsverhältnisse ist nun seit den 1950er, besonders aber seit den 1960er und 1970er Jahren geschwunden. Stattdessen hat sich die Meinung verbreitet, dass der junge Mensch vor allem die Facharbeiterlehre erstreben, dass er etwas „Ordentliches" lernen solle. Seit einiger Zeit haben zahlreiche Autoren darauf hingewiesen, dass die Berufsqualifikation heute im besonderen Maße eine Garantie für soziale Sicherheit sein kann. Die Spezialisten auf der Hütte, die Handformer oder der Metallschlosser fanden und finden deshalb – das sagten die Informanten immer wieder – nicht nur im Betrieb ein recht hohes Ansehen, sondern in der Heimatgemeinde größere gesellschaftliche Anerkennung als Kleinbauern oder Nebenerwerbslandwirte, die in den Industriebetrieben meist als an- oder ungelernte Arbeiter beschäftigt waren oder sind. „Die ‚Hierarchie der Berufe' ist heute vielleicht das einzige Ordnungsbild, das die Gesellschaft" gerade „den Jugendlichen für die Verwirklichung ihres Bedürfnisses nach sozialem Ansehen als verhältnismäßig allgemeinverbindlich anbieten kann" (Kluth, S. 167). Daher sind die einstigen Wertvorstellungen, die für die Gruppen der Kleinbauern und Nebenerwerbslandwirte gegolten haben (Besitzsicherung u. a.) und die wir besonders im alterssprachlichen Wortschatz der fünfziger Jahre des 20. Jh. noch fassen konnten, geschwunden.

So hörten wir bei den Vierzig- und (oder) bei den Zwanzigjährigen der 1950er Jahre: *Der kleine Gäulsbauer* (d. i. der Kleinbauer) *hat einem Meister schnell auf den Fuß getreten* ‚hat ihn schnell beleidigt' (denn auf ihn, der als Saisonarbeiter nur Hilfstätigkeiten ausübt, können der Betriebsleiter oder der Meister eher verzichten als auf den qualifizierten Facharbeiter); *Er muss sich deg* ‚oft' *übers Maul fahren lassen*, d. h. sich allen Anordnungen fügen, wenn er nicht entlassen werden will. Warnend hieß es beim Plan eines jungen Mannes, in einen Kleinbauernbetrieb oder in eine Nebenerwerbslandwirtschaft einzuheiraten: *Das bisschen Geld gibt sich aus.* Außerdem hörten wir: *Früher konnten die Kuhbauern den Großen spielen, heute haben sie die Ruh nicht über Nacht* ‚haben sie noch nicht einmal Zeit genug zum Schlafen'; *Der Kuhbauer hat schnell den Frost* ‚ist wirtschaftlich schnell ruiniert'.

Unsere Informanten stellten außerdem bei der Intensivbefragung oder auch im Wortgut fest, „dass der hohen Arbeitsbelastung kein Gewinn entspräche, der den Vergleich mit anderen Berufen aushielte; dass der Mangel an Mitteln und Freizeit sich auch in der Beschränkung des Ausbildungs- und Bildungshorizonts auswirke" (Wurzbacher, S. 45). Wir hörten u. a.: *Dem Kuhbauern fällt immer die Butter in den Dreck* ‚er ist immer ein Pechvogel'; *Der arme Kuhbauer muss glühnig auf die Arbeit sein* ‚übereifrig sein', *sonst hat ihm der Hirte weggetrieben* ‚kann er seinen Besitz nicht halten'. So ist es denn kein Wunder, dass wir bei einem Großteil der jugendlichen Informanten belegten: *Hab ich keine Küh', hab ich nicht Ärger und Müh.* Auf die schwierige wirtschaftliche Lage des Kleinbauern verweist noch folgende Aussage: *Durt und Rade* ‚verunkrautetes Getreide' *helfen dem kleinen Gäulsbauern fort* oder *sind dem kleinen Gäulsbauern kein Schade*, d. h. er hat so wenig Geld, dass er zur Aufbesserung des Gewichtes den zu mahlenden Roggen nicht reinigt. Motive der beruflichen Unzufriedenheit werden deutlich in Aussagen wie *So ein Kuhbauer hat schwinn* ‚schnell' *die Kränk* ‚ist wirtschaftlich schnell ruiniert'; *So ein Handformer kann leben wie der Vogel im Hanfsamen,* ‚hat genug Geld', *der Kuhbauer aber muss das meiste in den Schornstein schreiben* ‚muss aus Geldmangel auf viele Wünsche verzichten'. Wir konnten außerdem feststellen, dass sich unter den vierzig- und zwanzigjährigen Gewährspersonen in den Gruppen der Kleinbauern und der Nebenerwerbslandwirte schon in den 1950er und 1960er Jahren ein hoher Prozentsatz befand, der nicht nur die wirtschaftlichen Nachteile u. a., sondern auch demütigende Verhältnisse beider Berufspositionen herausstellte: *Die Stiefel sind beim Kuhbauern Herr, und wenn sie keine Sohlen mehr haben*, d. h. er täuscht des gesellschaftlichen Ansehens wegen Wohlstand nur vor. *Der Kuhbauer hat mehr Stangen wie ‚als' Bohnen*, d. h. hat große Pläne, seine wirtschaftliche Lage zu verbessern, aber keine Mittel zur Ausführung. Daher ist es keine Überraschung, dass der Kleinbauer oder der Nebenerwerbslandwirt die Heirat ihrer Töchter mit den gut verdienenden, hoch qualifizierten Facharbeitern heute als gelungenen sozialen Aufstieg ansehen: Die nämlich *sind mit dem Hintern in die Butter gefallen.*

Es erscheint uns wichtig, zur Ergänzung unserer Aussagen auf die schon genannte Arbeit „Landbevölkerung im sozialen Wandel" von H. KÖTTER hinzuweisen. Der Verfasser hat schon vor Jahrzehnten in überzeugender Weise die Gründe für die „Unterhöhlung" alter Wertvorstellungen untersucht, d. h. er hat die Motive zusammengefasst, die erklären, wieso das Berufsprestige der Kleinbauern und der Nebenerwerbslandleute gesunken ist. KÖTTER stellt u. a. heraus:

„1. Der vollbeschäftigte Arbeiter [...] ist zum Spezialisten in einem Beruf geworden, der den vollen Einsatz seiner geistigen und körperlichen Kräfte verlangt. Soll sein Nebenerwerbsbetrieb rentabel sein, so muss er gleichzeitig ein vollkommener Landwirt sein und sich fortlaufend mit der sprunghaften Entwicklung der Technik des Landbaues vertraut machen. Damit ist er einfach überfordert.

2. Bei einem relativ guten Verdienst ist er zur Befriedigung des Grundbedürfnisses Nahrung nicht mehr unbedingt auf eine zusätzliche Bodenbewirtschaftung angewiesen. [...] Bedürfnisse, die nur mit Bargeld zu befriedigen sind, nehmen zu. Der Bargeldverdienst ist aber leichter in einer Spezialtätigkeit [...] zu erreichen.

3. Der Prestigeabstand zwischen Vollbauer und Arbeiter hat sich verringert, in Kleinbauerngebieten sogar ins Gegenteil verkehrt."

Aus diesem und einigen anderen Gründen hat sich seit den sechziger, z. T. schon seit den fünfziger Jahren des 20. Jh. eine wichtige Änderung vollzogen. Bei der Intensivbefragung und der teilnehmenden Beobachtung haben wir diese Entwicklung der jüngsten Vergangenheit deutlich erfahren können: Die Nebenerwerbslandwirte suchten ihre bisherigen Anbauflächen teilweise oder ganz zu verpachten. Sie legten keinen Wert mehr auf den Erwerbscharakter ihres Betriebs. Daher fanden sie schon etwa Ende der 1960er Jahre, im Gegensatz zu den Kleinbauern, genug Zeit für ihre berufliche Weiterbildung. Vor allem erstrebten viele von ihnen einen beruflichen Aufstieg für ihre Kinder; man berichtete uns von zahlreichen Fällen der „Inter-Generationen-Mobilität", also der Berufsmobilität von Generation zu Generation. Die Kinder sollten Facharbeiter oder Werkmeister werden, vielleicht sogar einen akademischen Beruf ergreifen. Alle jungen Informanten aus den Gruppen der Nebenerwerbslandwirte, aber auch viele andere Gewährspersonen bezeichneten besonders den Beruf des Werkmeisters oder des Formermeisters z. B. als erwünschte Aufstiegspositionen. Denn trotz der funktionalen Wandlung seiner Stellung, auf die u. a. H. SCHELSKY (S.190f.) schon vor 1964 hingewiesen hat, „bleibt der Werkmeister [...] auch jetzt noch der entscheidende Schnittpunkt im Betrieb zwischen leitender und ausführender Arbeit, zwischen den Anordnungen und Planungen von oben und der Information über das Produktionsgeschehen von unten [...]."

Mit dieser Entwicklung ergab sich zunächst ein wichtiger Unterschied zwischen den Nebenerwerbslandwirten, die Äcker und Wiesen ganz verpachtet oder ihre Betriebe bis zur ländlichen Heimstätte verkleinert haben, und den Kleinbauern, die in ihren unselbstständigen Nebenerwerbstätigkeiten an- oder ungelernte Arbeiter geblieben und die wegen ihrer geringen Bareinkünfte zu Hause auf den Höfen kaum arbeitssparende Methoden durch Technisierung einführen konnten. So hörten wir: *Die kleinen Gäulsbauern müssen sich plagen wie ne alte Fahrkuh*; *Der geringe Gäulsbauer* (ebenfalls der Kleinbauer) *muss wühlen* ‚rastlos arbeiten' *für einen Apfel und ein Ei* ‚für wenig Geld'; *Er muss eintragen wie eine Biene* ‚rastlos arbeiten'; *Der kleine Gäulsbauer wird jetzt schlimmer trischaket wie die meisten Handlanger* ‚muss bis zur Erschöpfung arbeiten'; *Er muss immer kleines Brot backen*, d. h. klein beigeben, um seinen Arbeitsplatz zu erhalten; *Der kleine Gäulsbauer hat auch sein Pfählchen zurückgesteckt* ‚gegenüber früher hat sich seine wirtschaftliche Lage verschlechtert'. Wenn man bedenkt, dass sich u. a. der Wunsch nach mehr Freizeit schon seit Jahrzehnten immer mehr durchgesetzt hat, wird die Benachteiligung der kleinbäuerlichen Position besonders deutlich. Wir wollen in diesem Zusammenhang die vielen Probleme der Freizeitforschung nicht aufgreifen, sondern nur erwähnen, dass nach den alten Untersuchungen Viggo Graf BLÜCHERS aus dem Jahre 1956 74 % der jugendlichen Arbeiter etwa 8–10 Stunden, aber 95 % der in der Landwirtschaft beschäftigten Jugendlichen zwischen 15 und 24 Jahren mehr als 11 Stunden täglich gearbeitet haben. Außerdem ist zu berücksichtigen, dass Kleinbauern und selbstständige Erwerbslandwirte auch sonntags tätig sein mussten (zweimal füttern u. a.). Beiden Berufsgruppen gegenüber war der Nebenerwerbslandwirt schon vor etwa vier bis fünf Jahrzehnten entscheidend bevorzugt, soweit er seinen Betrieb bis zur ländlichen Heimstätte verkleinert oder ganz verpachtet hat: durch die dadurch gewonnenen beruflichen Aufstiegsmöglichkeiten (oder die seiner Kinder) hat er nicht nur wesentlichen Anteil an der Verbesserung der Lohnverhältnisse gewonnen, sondern er befand und befindet sich in einer optimalen Freizeitsituation u. v. m.

Einige Jahre später haben auch die allermeisten Kleinbauern ihre landwirtschaftlichen Betriebe verpachtet oder verkauft. Heute gibt es in unseren Dörfern und in unseren Städten kaum noch eine Nebenerwerbslandwirtschaft oder einen Kleinbauern.

2. Vergehendes und geschwundenes Handwerk

In der Regionalforschung ist eine wichtige Erscheinung immer wieder herausgearbeitet worden:

Die „gute alte Zeit" hat es für viele Handwerker in Hessen einst kaum gegeben. „Man denkt an die gemüthafte Beziehung des ländlichen Handwerkers zu seiner Kundschaft und vergisst, dass der Arbeitstag für Meister und Gesellen 12–14 Stunden hatte – von tariflicher Freizeit und von Urlaub nicht zu reden. Man denkt an die Behaglichkeit [...] – und bedenkt oft nicht, wie hart [...] sie für den kleinen Handwerker und für seine Familie war. Das Thema ‚Vergehendes Handwerk' hat vielerlei Aspekte." (Weber-Kellermann, Stolle, S. 32).

Ich kann wegen des komplexen Sachverhalts dieser Arbeit auf diese Einzelaspekte nur verweisen, ohne näher auf sie einzugehen. Erwähnen möchte ich jedoch, dass man die **charakteristischen Dorfhandwerker**, die einen festen Kundenkreis in der Gemeinde hatten und deren wirtschaftliche Situation im Allgemeinen daher nicht schlecht war – ein guter Schmiedemeister konnte sich und seine Familie ganz gut ernähren – unterscheiden muss von den **Kleinhandwerkern**, die – oft mit ganz kleinem Landbesitz – „besonders in den hessischen Notstandsgebieten ihre kärglichen Wirtschaftsverhältnisse durch einen Nebenverdienst aufzuhelfen hatten. Die Waldlandschaften Rhön und Vogelsberg, Spessart und Taunus, Westerwald und Odenwald waren voll von solchen kleinen haushandwerkenden Unternehmen" (Weber-Kellermann, Stolle, S. 33). In diesen Notstandsgebieten erwuchs besonders in der zweiten Hälfte des 19. Jahrhunderts immer größere Not. Die Menschen konnten vom Ertrag ihrer bäuerlichen Kleinbetriebe kaum leben. Um der drückenden Armut, die nicht zuletzt durch die schlechten Böden, das System der Realteilung und die Kartoffelkrankheiten entstanden war, zu entfliehen, wanderten viele Menschen nach Amerika aus. Manche unserer ganz alten Informanten erinnern sich noch an Erzählungen ihrer Vorfahren, die davon berichtet haben, dass aus den Armutsgebieten des Westerwaldes ganze Familien in die neue Welt gezogen sind.

Zu den wirtschaftlich einigermaßen gesunden Dorfhandwerkern, die meist in fruchtbaren Bauernlandschaften des Anerbenbereichs lebten, gehörten einst u. a. Sattler und Küfer, Schreiner und Maurer, Metzger,

Müller und Bäcker, Wagner, Schlosser und Klempner, Steinhauer, Zimmerleute und Ziegler, Weber, Köhler und Töpfer.

Auf die Berufsbilder des **Müllers**, des **Sattlers** und des **Schmieds** gehe ich im Folgenden etwas näher ein.

Die Situation vieler anderer charakteristischer Dorfhandwerker im Spiegel des mundartlichen Wortschatzes, aber auch von Kleinhandwerkern und von Hausierern soll in einer großen Kulturgeschichte des dörflichen Handwerks dargestellt werden.

Unterscheiden muss man natürlich, ob der einzelne Handwerker ein Zusatzeinkommen besaß, also noch Nebenerwerbslandwirt oder Kleinbauer oder gar Besitzer eines großen Bauernhofs war, d. h. zu den selbstständigen Landwirten zählte. Gehörte ihm noch ein Hof von 20 Hektar Land oder, wie es bei manchen Handwerkern der Fall war, noch viel mehr, dann rechnete man ihn zur sozialen Oberschicht im Dorf, also zu den besonders angesehenen Persönlichkeiten, dann gab es für ihn keine wirtschaftliche Not.

a) Der Müller

Die Lage der Mühlen und des Müllers in Hessen unterschied sich in den verschiedenen Regionen unseres Bundeslandes kaum voneinander. Ich habe schon einige Male über die Situation dieses Dorfhandwerks berichtet (z. B. 1998, S. 89 ff.). Die einstigen Ausführungen will ich u. a. um bedeutsame historische Belege in diesem Buch erweitern.

Zunächst gehe ich auf das Berufsbild des Müllers ein, der in einem Zweitberuf noch selbstständiger, großer Landwirt oder der nur Kleinmüller ohne jeden Landbesitz war.

Da ist zunächst festzuhalten, dass es einst nicht nur die *Mahl-* oder die *Getreidemühlen* gegeben hat, sondern die *Papier-*, die *Loh-*, die *Ölmühlen* u. a. m.; jedoch spielten die Getreidemühlen schon im Mittelalter die dominierende Rolle unter allen Mühlen in den Gemeinden.

Wichtig für den Müller war die Nutzung der Wasserkraft, d. h. des Wassers, das meist von einem benachbarten Bach abgezweigt und über einen Mühlgraben zu seinem Anwesen geleitet wurde. Die Erlaubnis dazu erhielt er vor langer Zeit, schon vor Jahrhunderten, von den politischen Herren. Diese verliehen an Untertanen, die ihnen besonders angenehm waren, Mahlrechte gegen Bezahlung und Naturalabgaben.

Wie gefährlich die Situation eines Müllers sein konnte, der wegen der Nutzung der Wasserkraft abseits von seiner Heimatgemeinde wohnen musste, möchte ich an einem Beispiel darstellen: K. Scheld erzählt (1995, S. 2) von der legendären Waldmühle in Weidenhausen im ehemaligen Altkreis Biedenkopf:

„Die Waldmühle war ein Wohnplatz, den die Dorfleute immer ein wenig respektvoll betraten. Die Existenz des Mühlenbetriebes ist bis ins späte Mittelalter nachweisbar. Die Mühlenbesitzer, die wegen der Nutzung der Wasserkraft so weit ab vom Dorf wohnen mussten, waren beherzte Leute mit dem Familiennamen Müller bzw. Becker. Hin und wieder im Laufe der Mühlengeschichte mussten sie ihren Mut unter Beweis stellen.

Im Jahre 1721 zum Beispiel, also zur Regierungszeit Landgraf Ernst Ludwigs und des in Preußen regierenden Soldatenkönigs Friedrich Wilhelm I., wehrte der damalige Waldmüller, Jost Müller, am 10. September nach einem Eintrag im Kirchenbuch nachts um 10 Uhr einen Raubüberfall ab.

Der Chronist vermerkte damals: *Anno 1721, Mittwochs den 10. Sptbr. Nachts um 10 Uhr ist eine starcke Diebs-Rotte in die Waldmühl bey Weidenhausen gekommen, und als der Müller, nomine Jost Müller, solche wahrgenommen, hat er mit 2 pistolen Losung gegeben, worauf die Diebe eine salue auss 3 Flinten gethan, hernach in den Hof eingedrungen, mit Steinen auf die Hauss-Thür gestürmt, und einer schiesset oben nach den Fenstern, allso der Müller gestanden, in die Wand, und weilen es sehr dunkel gewesen, nimmt der Müller den Pulver Blick in acht und schiesset mit einer Büchse darnach und trifft einen unbekannten Kerl an dem Kopf, dass ein Stück von der Hirnschale und Gehirn hinweg geht, als welches man gefunden, worauf ein grässliches heulen dieser hören lässt, und die übrigen schleppen ihn bis in den Wald, allwo sie ihm das Kleid ausgezogen, damit man ihn so leicht nicht erblicken möge, und nehmen die Flucht, weilen der Schäfer auf`m Feld nach Weidenhausen geloffen, daselbst alarm gemacht, da mit der Glocke gestürmt und bei 89 Man dahingekommen. Der geschossene ist ohne Verstand und Sprache nach Weidenhausen geführet worden, allwo er Donnerstag abends, den 11. Sptbr. gestorben und den Fasttag auf einer Schlaiffe auf den Wasenn geführet und daselbst eingescharret worden.*

Solche Überfälle, auch Brände und andere Unbill haben die Waldmüller mehrfach erleben müssen."

W. Schwarz, aber auch andere bedeutende Agrarsoziologen, haben uns den Berufsstand des Getreidemüllers, von dem wir im Folgenden berichten, und die Geschichte des Mahlens, die Entwicklung des Mühlwerks, der Mühlrechte u. v. m. nahegebracht. So urteilt W. Schwarz:

„Seit mindestens 6000 Jahren versteht es der Mensch, Getreide anzubauen und die getrockneten Samen zuerst zu Brei, später dann zu Brot zu verarbeiten. Zur Zerkleinerung des Korns diente in der Frühzeit, wie auch heute noch bei den primitiven Völkern, die Stampfe und der Reibstein [...]. Vor mehr als 2000 Jahren kam der Übergang zum drehbaren Mahlstein." (W. Schwarz, 1962, S. 29).

Der Weg von diesen primitiven Techniken bis zur wassergetriebenen Mühle und bis zur Großmühle unserer Tage, die am Ende der bisherigen Entwicklung steht, war sehr weit. Die einzelnen Stufen der Mechanisierung sind in der Forschung genau herausgearbeitet worden. Nachdem man die ersten Geräte erfunden hatte, mit denen man das Korn reiben und sieben konnte, wurden bald danach „die Naturkräfte von Wind und Wasser zur Vermahlung von Getreide ausgenutzt. Es entstanden die ersten gewerblichen Mühlenbetriebe, und zugleich wurde der Mühlenbau ein unentbehrliches Handwerk. Der geschulte Techniker von heute staunt bei der Betrachtung alter Aufzeichnungen, mit welcher genialen Begabung die alten Mühlenbauern die Gesetze der Physik und Mechanik verwendeten. Auf dieser handwerklichen Basis hat sich heute die Getreidemüllerei zu einem großen Industriezweig entwickelt." (W. Schwarz, 1962, S. 29).

In erster Linie hat der Konkurrenzkampf dazu geführt, dass unter Einschaltung der modernen Technik alle Anstrengungen gemacht wurden, um die bestmögliche Ausbeute zu erreichen. Am Ende der Entwicklung steht in einer modernen Mühlenanlage die Ganzmetall-Maschine. Der Weg vom traditionellen Mahlgang zur automatischen Walzenmühle war lang; schnell setzte sich jedoch in den letzten Jahren die Tendenz durch, den herkömmlichen Baustoff Holz durch Stahl oder Leichtmetall abzulösen. Wir sehen hier wieder eine Parallele zum Entwicklungsgang der eigentlichen Landmaschine, wo z.B. die Ganzmetall-, d. h. Stahldreschmaschine den Übergang vom alten hölzernen Dresch-„Kasten" zum Mähdrescher bildete.

In Hessen gab es um die Wende vom 19. zum 20. Jahrhundert, ja teilweise noch Jahrzehnte danach, eine große Zahl von Mühlen. In manch einem Dorf wurden vor allem dann, wenn es in einem Tal mit wasserreichen Bächen lag, mehrere Mühlen betrieben, drei, vier, gelegentlich sogar noch mehr.

Wenn ein Müller neben seiner Mühle noch einen größeren Bauernhof besaß, wurde er meist zur sozialen Oberschicht im Dorf gerechnet. Über die Arbeitswelt und das Bild dieses Berufsstandes im Wandel des 20. Jahrhunderts liegen uns viele Informantenberichte vor. Einen davon gebe ich hier in Auszügen wieder. Eine Informantin erzählt:

Ich stamme aus einem großen Bauernhof. Wir hatten über 50 ha Land, meist äußerst fruchtbaren Boden. Mehr als drei Tage dauerte das Dreschen mit der Dreschmaschine bei uns. Wir hatten drei Knechte und zwei Mägde. Mein Vater sagte als stolzer, großer Bauer immer zu mir, als ich ein junges Mädchen war: Dass du mir nur keinen ‚geringen Mann' heiratest. Das habe ich auch nicht getan. Denn ich mochte den Ältesten des Müllers im Ort, den Ludwig. Sein Vater besaß nicht nur eine große Mühle im Dorf, zu der die meisten Leute aus der Umgebung ihr Getreide zum Mahlen brachten, oder die Müllersknechte holten es bei ihnen ab, sondern auch eine große Landwirtschaft. Ludwigs Eltern und auch meine waren mit unserer Partnerwahl natürlich einverstanden. Ich habe es in der Mühle als junge Frau sehr gut gehabt. Mein Mann war als reicher Müller, der bald nach unserer Hochzeit den elterlichen Betrieb übernahm, sehr angesehen im Dorf. In der Landwirtschaft konnten wir uns auf den Großknecht und die Mägde, in der Müllerei auf zwei andere Knechte verlassen. Diese Mahlknechte fuhren täglich mit großen Wagen, die vollbeladen mit Mehl- und Kleiesäcken waren, in die Umgebung und brachten den Mahlkunden ihr Mehl und holten Getreide zum Mahlen. Das war keine leichte Arbeit. Die Knechte mussten nämlich auf den engen Treppen in den Bauernhäusern mit schwerer Last auf dem Buckel bis zum Speicher hinauf- und hinunterkeuchen: das Mehl bringen, das Getreide holen. Solange die Leute wie unsere Knechte jung waren, war diese Mühsal zu ertragen, aber wie viele alte Müller habe ich gekannt, die nur vom Ertrag ihrer kleinen Mühle lebten und die ihre Arbeit alleine tun mussten oder auf die Hilfe eines schlecht bezahlten Gesellen und eines Lehrjungen angewiesen waren. Und wenn ein solcher Müller dann recht alt war, ist ihm die Arbeit schwer und eine große Last gewesen, die Helfer konnte er dann oft nicht mehr entlohnen. Aber das galt, wie gesagt, nicht für meinen Mann, der als großer und angesehener Müller und Bauer seine Gesellen und Lehrjungen hatte.

Aber so sollte es nicht bleiben. Auch für uns kamen bittere, schwere Jahre. Vor allem einige Zeit nach dem letzten Krieg setzte das große Mühlensterben ein. Wir konnten uns gegen die Konkurrenz der Großmühlen nicht halten. Und heute, wo ich alt bin, haben wir die Mühle aufgegeben und unser Land verpachten müssen. Den größten Teil unseres Hauses und die Mühle haben wir an einen Gastwirt verpachtet. Der hat ein Ausflugslokal mit einem bekannten Restaurant und einem Café auf unserem Besitz eingerichtet. Das Mühlrad ist eine Sehenswürdigkeit geworden. Mein Mann hat das alles nicht lange überlebt. Er konnte und wollte es vielleicht auch nicht ertragen, dass er nicht mehr der reiche, angesehene Müller und der selbstständige Bauer war wie einst.

Viele der heute noch lebenden alten Leute haben – wie unsere Informantin, die aus ihrem Leben Ende der 1960er Jahre erzählt hat – die Erscheinung des Müllers im Dorfleben noch vor Augen. Sie können sich noch deutlich daran erinnern, wie er mit seinem Pferdewagen durch die Straßen fuhr, die vollen Getreidesäcke von den Speichern holte, das Mehl und die Kleie brachte. Jedermann konnte ihn einst an seinem weißen, mehlbestaubten Arbeitsanzug sofort erkennen. Er wurde von seinen Mahlkunden meist nicht mit Geld bezahlt, sondern er behielt einen Teil des Mehles als Mahllohn für sich und verkaufte es an die Bäcker der näheren oder auch der weiteren Umgebung. Dieser Naturallohn (Mahllohn) hieß meist *Molter* oder *Multer*. Dieser Beleg *Molter* (*Multer*), der auch urkundlich häufig erscheint, ist zu lat. *molitura* zu stellen.

Manche Senioren unserer Tage können sich nicht nur an den Müller im Straßenbild, sondern auch an seine Arbeit in der Mühle erinnern, an eine harte, meist von frühmorgens bis abends dauernde Tätigkeit. Ihr Blick in die Vergangenheit verweist aber auch auf einen rasanten Strukturwandel und den Schwund dieses dörflichen Handwerks. Das Mühlensterben setzte schon vor dem Ersten Weltkrieg ein. Dem wachsenden Konkurrenzdruck der Großmühlen, auf den unsere Informantin hinwies, waren im Laufe des 20. Jahrhunderts viele Kleinmühlen nicht gewachsen. Sie konnten mit den kapitalintensiven fabrikartigen Unternehmen, die meist kostengünstigere Transportwege hin zu guten Rohstoff- und Absatzmärkten und vor allem Vorteile durch eine höhere Vermahlungsleistung hatten, nicht mehr konkurrieren. Sie gerieten, wie man formuliert hat, „zwischen die Mahlsteine des technischen Wandels".

Auch alle Appelle, sich der Entwicklung entgegenzustellen, das Mühlensterben aufzuhalten, nutzten nichts. Wie intensiv ein betroffener Kleinmüller schon zu Anfang des 20. Jahrhunderts für die Erhaltung der dörflichen, jahrhundertealten kleinen Betriebe kämpfte, das zeigt folgendes Zitat, das wir auch aus historischem Interesse ganz abdrucken. Der betroffene Kleinmüller schrieb schon 1906 an seine Kollegen über die Situation seines Berufsstandes:

„Nicht Krieg oder Mißernte bedrohen seine (des Kleinmüllers) Existenz, sondern immer größer werdende Anforderungen und immer kleiner werdende Einnahmen. Um konkurrenzfähig zu bleiben, mußte er seine Mühle mit neuen teuren Walzenstühlen und Sichtmaschinen einrichten [...] Versicherungen und Kassen mancherlei Art kosten viel Geld. Die Mühlburschen verlangen kürzere Arbeitszeit und höhere Löhne, und die Knechte wollen gut bezahlt sein und wenig tun. Der Wasserstand wird niedriger, denn es werden Quellen abgetragen zu Wasserleitungen. Das heißt, eine teure Dampfmaschine oder einen Motor aufzustellen, und dazu braucht man wieder Bedienung und Kohlen, und das alles kostet viel, viel Geld. Der Multersatz, die Einnahme, ist ebenso groß oder klein geblieben wie vor 100 oder 200 Jahren. So kann es nicht weitergehen! Aber es muß noch mehr erreicht werden: Steuer, Arbeitszeit in den Kleinmühlen, Mahllohnregelung, gemeinschaftliche Mehlverkaufstellen, Wasserrecht und dergleichen mehr sind heute brennende Fragen, unter welchen fast alle zu leiden haben und die nach einer Lösung harren [...] Wir bitten Sie daher, sehr geehrter Herr Kollege, unsere Sache, die ja auch die Ihrige ist, nach Kräften zu unterstützen. Von unseren Arbeitern können wir lernen, dass Einigkeit stark macht. Auch wir müssen einig zusammenhalten, denn es handelt sich um unsere und unserer Familien Zukunft; wir kämpfen um unsere Existenz." (H.-D. Scholz, S. 32f.).

Trotz solcher beschwörender Appelle ließ sich die negative Entwicklung jedoch nicht aufhalten. Auch verbandspolitische Bemühungen dieser Art waren ergebnislos: Es gibt heute, am vorläufigen Ende dieser Entwicklung, kaum noch eine dörfliche Kleinmühle in unserem Land. Das hängt auch mit der schlechten beruflichen Situation des Berufsstandes zusammen. So muss man in diesem Zusammenhang auch erwähnen, dass die Arbeitsbedingungen in den Kleinbetrieben für Gesellen und Arbeiter einst äußerst schlecht und gesundheitsgefährdend waren. H.-D. Scholz (S. 16f.) beschreibt die Situation: „Aber die Arbeitsbedingungen müssen äußerst belastend und unfallträchtig gewesen sein. [...] Nach 1909 wurden sie für die Kleinbetriebe als ‚ungesund' bewertet und aufgrund der Schwere der zu leistenden Arbeiten im Außenbereich und in dunklen, engen, schlecht belüfteten, staubigen, feuchtnassen und lärmerfüllten Arbeitsräumen, zumal bei äußerst ausgedehnter Arbeitszeit und geringem Lohn. Für die Zeit um die Jahrhundertwende lautet das Fazit, es sei ‚nicht mehr erstaunlich, daß die Arbeiter in den Kleinmühlen meist elend, oft geradezu erschreckend krank aussehen und daß die Lungenschwindsucht und andere Krankheiten, besonders noch Rheuma und Gicht, sowie Katarrhe jeder Art, hier beunruhigend häufige Gäste sind.' Die für Hessen und den Bezirk Frankfurt am Main herausgegegebenen Daten [...] sprechen eine beredte Sprache von heute kaum vorstellbaren Zuständen und belegen zugleich, daß die Einheit von Wohnen und Arbeiten nicht als Idyll mißverstanden werden darf." Dass die Arbeitsbedingungen und die gesamten Lebensverhältnisse des Kleinmüllers selbst, wenn er nicht noch Kleinbauer oder Nebenerwerbslandwirt war, kaum besser waren als die der Gesellen, kann man nach den Ausführungen in der agrarsoziologischen Literatur und nach den Erinnerungen unserer Gewährsleute, die in den zwanziger Jahren gelebt haben, mit gutem Grund als realistisch ansehen. Erschreckend und erschütternd war die Situation, wenn man eine von SCHOLZ angeführte Tabelle (S. 17) interpretiert. Da heißt es von einer Arbeitsstelle: *„Logis unter dem Dach ohne Ofen, daher im Winter fürchterlich kalt. Volle Ruhetage gibt es kaum."* Oder: *„Die Wäsche wird alle sechs Monate gewechselt. Es gibt auch im Winter keinen Raum mit Ofen für den Gesellen."* Andere ähnliche Antworten auf eine Fragebogenaktion waren keine Ausnahme.

Wir alle wissen seit langem, dass der Beruf des Kleinmüllers heute geschwunden ist – ob der Müller nun einen landwirtschaftlichen Nebenbetrieb hatte oder nicht. Geschwunden ist auch beinahe überall der Beruf des größeren Müllers, wie der Bericht unserer Informantin aufweist. Aber nicht nur die Konkurrenz der computergesteuerten, automatischen Großmühlen hat zum Mühlensterben geführt, sondern auch die Änderung der Backgewohnheiten. Während noch Jahre nach dem Zweiten Weltkrieg beinahe jede Familie im Dorf ihr Brot und ihre Kuchen selbst gebacken hat, findet man heute kaum noch jemanden, der das Dorfbackhaus zum Selberbacken benutzt. Man braucht deshalb kaum noch Mehl, das man gegen Getreide beim Müller eintauscht, der die Ware mit seinem Wagen bringt und abholt.

Zum Schluss dieses Kapitels will ich noch kurz auf die Idiomatik verweisen: In vielen Sprichwörtern, Redensarten und anderen Wendungen wird der Müller als unehrlich bezeichnet. Das war bei vielen Handwerkern so, die ihre Entlohnung selbst festsetzen konnten. Der Müller werde, so hieß es daher, zur Unehrlichkeit verführt, weil er, so wurde immer wieder formuliert, den *Molter* ‚Mahllohn' selbst festsetzen könne und sich dabei bereichere: *Gelegenheit macht Diebe. – Der Miller hott ze viel Molder behaale* ‚einbehalten', ist oft angeführt worden. Auch die ironisch gemeinte Wendung: *Der Sack Mehl ist klein, der Müller hat gut gemoldert* war im alten Dorfleben oft von den Leuten zu hören. Weiter ist überliefert worden: *Die Miller sinn brave Leut, stehle das Mehl von annere Leut* oder *Wann e Miller enn e Schneirer sich schdreire, dann kannsde heern, wäi se dich betrooche hoo* oder *Gelegenheit zum Stehlen wie beim Moltern gibt's beim Müller alle Tage*. Schließlich: *Wann e Miller enn e Wert enn äin Sack gestoppt weann enn me schebbeld se de Trepp nobb, wer lait ‚liegt' immer oowe? Enn Spetzbub.* Es heißt auch: *In der Mühle ist es das Beste, dass die Säcke nicht reden können* (die sehen nämlich die vielen Unterschlagungen des Müllers). Oder: *Müller, Schneider, Weber werden nicht gehenkt, das Handwerk ginge sonst ein.*

Allerdings stehen solchen Aussagen auch manche andere Wendungen entgegen, in denen Hilfsbereitschaft und Fleiß des Müllers angesprochen werden. So wurde von manchem wohlhabenden Müller gesagt: *Sein eigener Fleiß lässt den Schornstein rauchen.* Und von einem Kleinmüller, der in Notzeiten überlebt hat, hieß es anerkennend: *Klein und wacker* (= ehrlich, anständig, fleißig) *kommt auch über'n Acker*. Und von der schweren Arbeit des Kleinmüllers kündet das einst bekannte Sprichwort *Es gehört viel Mühe* (viel Stöhnen) *dazu, eine Mühle zu treiben* u. v. m.

Viele Menschen haben und hatten nun aber auch romantische, verklärte Vorstellungen von der Mühle und dem Müller. Die harte Arbeit, die bittere Realität, die die Menschen, vor allem als Gesellen, Lehrjungen oder Kleinmüller selbst, wie wir es geschildert haben, ertragen mussten, sehen sie nicht. In Märchen und Volksliedern werden die angedeuteten romantischen Vorstellungen vielmehr angesprochen, z. B. in den Volksliedern „In einem kühlen Grunde [...]", „Es klappert die Mühle am rauschenden Bach [...]" oder „Das Wandern ist des Müllers Lust [...]". Und durch die Märchen der Brüder Grimm erfahren vor allem die Kinder, wie der „gestiefelte Kater", der Esel in den „Bremer Stadtmusikanten" und die Müllerstochter im „Rumpelstilzchen" gelebt haben und glücklich waren oder wurden.

b) Der Sattler

Die einstige Arbeitswelt des Sattlers haben J. Weber-Kellermann und W. Stolle (S. 33) dargestellt. Die Ausführungen beider Autoren stimmen durchaus mit den Berichten überein, die wir aus Hessen gesammelt haben. Einige haben wir von sehr alten Sattlermeistern erhalten:

„Die Arbeit des Sattlers gehörte vor der Motorisierung der Landwirtschaft zu den wichtigsten Dorfhandwerken. Nach den Maßen des Pferdehalses schnitt er das Leder zurecht, lochte es und nähte es zu einem Schlauch zusammen, den er in lauwarmem Wasser für die Weiterverarbeitung geschmeidig machte. Noch in feuchtem Zustand wurde er mit den Nähten nach innen gewendet und wie ein Sack auf der ‚Füllmaschine' mit kurzem Stroh gefüllt. Dann erst erhielt er auf dem Kummetstock durch Klopfen seine endgültige Form. Im letzten Augenblick wurde das obere Ende vernäht und in die geschwungene Holzleiste angenäht. – Diese Arbeit verlangte Übung und Geschicklichkeit. Nur bei langjähriger Erfahrung war an einem

12-stündigen Arbeitstag ein Kummet fertig zu stellen. Mit dem Verschwinden des Zugviehs ist der Funktionsbereich des Dorfsattlers dahin. Sinngemäß übernehmen sein Arbeitsfeld die maschinellen Sattlereien der Autofabriken." (I. Kellermann, S. 33).

Aber der Sattler fertigte nicht nur Geschirre für das Zugvieh an – das Kummet, wie erwähnt, dann viele Riemen, etwa Zugstränge, die Halfter, auch Stirn- oder Nackenjoch u. v. a. –, sondern auch Sättel. Sie mussten so gut hergestellt sein, dass sie das Pferd schonten, etwa vor Druckstellen, und dem Reiter einen sicheren und möglichst bequemen Sitz boten. Es gab eine große Zahl verschiedener Sättel: die deutschen, die meist mit rauem Wildleder überzogen waren, die englischen Herrensättel, die ungarischen Bocksättel, außerdem unterschiedliche polnische, französische und türkische Sättel, dann auch Tragsättel und Quersättel für Damen u. v. m. Hatte der Sattler gut gearbeitet, dann hieß es: *Wie man sattelt, so reitet man* und *Wer gut sattelt, der reitet gut.* Eine Vorstellung von den unterschiedlichen Arbeiten des Sattlers wird schließlich deutlich im weit verbreiteten Sprichwort *Man muss in allen Sätteln sattelfest sein.* Ein Leitbild für den erfolgreichen Menschen heißt *sattelfest sein.*

c) Der Schmied

Zu den wichtigsten Handwerkern gehörte einst der Schmied. Neben dem Dorfschmied gab es noch den Eisen-, Kupfer-, Silber-, Goldschmied: Berufe also, die nach dem behandelten Metall abgegrenzt werden. Dann unterschied man die Nagel-, die Sensen-, die Messerschmiede, auch die Schlosser, die Spengler u. v. a.

Der Alltag, die Arbeits- und die Lebenswelt, kurz das Berufsbild der alten Schmiedemeister im Dorf und das ihrer Gesellen und Lehrlinge, die Arbeit, die von der Meistersfrau bewältigt werden musste, all das ist öfter geschildert worden. Ich selbst konnte einige alte Schmiede in einer letztmöglichen Spurensicherung über die Arbeit noch befragen.

Zu dieser Spurensicherung gehören auch die Sammlung und Deutung von Sprichwörtern und Redensarten aus Hessen (vgl. dazu auch meine beiden Bändchen 1989 und 1990). Diese Sprichwörter und Redensarten, die ich als Kleinstformen der Poesie bezeichnet habe, künden auch vom einst bedeutenden Handwerk des Schmieds:

Zum Schmied und nicht zum Schmiedchen gehen ‚an die richtige Quelle gehen'. *Zuschlagen wie ein Schmied* ‚so kräftig wie bei der Bearbeitung des Eisens zuschlagen'. *Du schimmeschd* ‚schimmerst' *wie ein Schmied vor Tag* ‚siehst schmutzig aus'. Von einem alten Meister hörte ich noch: *Dafür hat der Schmied Zangen*: wenn man eine Sache richtig anpackt, ist sie meist nicht so schwierig, wie es aussieht. *Man muss das Eisen schmieden, solange es warm ist* ‚handeln, solange die Umstände günstig sind' u. v. m.

Zwischen den Handwerkern im Dorf gab es früher große soziale Gegensätze. Ob ein Korb geflickt, ein Anzug sofort geschneidert, ein Pflug oder ein Wagenrad gleich repariert werden konnte, war ein großer Unterschied. Die Arbeit des Schmieds hatte unmittelbar mit der drängenden landwirtschaftlichen Tätigkeit, mit der Arbeit auf dem Acker und der im Wald zu tun. Ohne Pflug konnte der Acker nicht umgepflügt, ohne Pflug und Egge konnten das Korn, der Weizen, die Gerste, der Hafer nicht gesät, ohne Sense konnte das Gras nicht gemäht, ohne Axt, Beil und Säge konnte der Baum nicht gefällt werden. Mit der Herstellung des Anzugs jedoch konnte man im Allgemeinen etwas warten.

Wichtig war die Bedeutung des Hufschmieds: Überall sah man einst vor den Schmiedewerkstätten Pferde stehen, die beschlagen werden sollten u. v. m. Einige der älteren Informanten berichten, dass die Schmiede früher bei den Hochzeiten im Dorf regelmäßig eingeladen wurden – die Schneider, Schuster, Korb- oder Besenmacher aber nicht – ein Hinweis auf das große Ansehen des Berufes der Schmiede. Interessant ist eine historisch-volkskundliche Betrachtung:

Der Schmied kommt in vielen Sagen und Märchen vor. Auch das ist ein Hinweis auf seine kulturgeschichtliche und gesamtgesellschaftliche Bedeutung.

Siegfried, der Held aus der germanischen Sage, lässt sich von Regin, dem Schmied, das Schwert herstellen, mit dem er den Drachen tötet. Und König Nidung befiehlt, seinem Gegner Wieland dem Schmied die Sehnen der Kniekehlen durchzuschneiden, um ihn, der nicht nur stahlharte Waffen schmieden, sondern auch die haltbarsten Schmuckgegenstände herstellen kann, für immer zu seinem Gefangenen und Diener zu machen.

Aus der Welt der Sage führe ich von den zahllosen Beispielen noch die berühmte Erzählung über Hephaistos an, den zeitlosen Bericht aus der Welt Homers. Nach den Darstellungen des großen griechischen Dichters war Hephaistos der Sohn des höchsten Götterpaares: der Sohn von Zeus und Hera. Seine Werkstatt hatte er auf Vulkanus selbst gebaut und stellte dort die kostbarsten Waffen und Gegenstände her. Er schmiedete u. a. den in der Literatur oft geschilderten Sonnenwagen des Helios und den Schild des Helden von Troja, nämlich den von Achill. Trotz seiner kleinen, verkrümmten Gestalt besaß Hephaistos in seinen muskulösen Armen eine ungeheure Kraft.

Die Realität des Alltags sah für den Schmied natürlich anders aus, als sie in den Berichten der Sagen dargestellt wird. Mit rußverschmierter Gestalt arbeitete er in und vor der Werkstatt. Abends ganz spät und früh am Morgen hörte man ihn in der Erntezeit *dengeln* (*haren*). Manchmal waren es 30 Sensen und mehr, die er auf seinem kleinen Dengelamboss schärfte.

Besonders der Schmied, der nach seiner beruflichen Bedeutung in der Gemeinde einst – wie wir schon berichtet haben – ein großes Ansehen besaß, war oft außerdem Kleinbauer oder Nebenerwerbslandwirt. Er besaß in vielen Fällen noch eine mehr oder weniger große Landwirtschaft, weil er von den Einkünften des Handwerks alleine nicht oder kaum leben konnte. Unsere Informanten berichten immer wieder, dass die bäuerliche Tätigkeit in vielen Fällen meist vor allem von der Meisterin geleistet werden musste. Wir können uns heute kaum vorstellen, wie groß ihr körperlicher Einsatz und ihre Kraft gewesen sind.

In der Vergangenheit war der Schmied nun nicht nur mit dem Beschlagen von Pferden, sondern auch von Arbeitskühen beschäftigt. Diese Arbeit nahm erhebliche Zeit in Anspruch. Viele Kühe wurden, besonders in den Gebieten der Freiteilbarkeit, als Zug- oder Arbeitstiere eingesetzt. Ein Achtzigjähriger aus dem Westerwald erzählte uns, dass in der Hauptarbeitszeit morgens oft eine größere Zahl von Tieren vor der Werkstatt des Schmiedes standen. Die Kühe als Zugtiere bekamen „Kuheisen", manche sagten auch „Eisenschuhe", um den Huf zu schonen. *Es hat Tage gegeben*, so berichtete er, *da sind morgens schon ab vier Uhr 20 Pferde und die gleiche Zahl von Kühen beschlagen worden.*

Beim Beschlagen der Pferde sah der Arbeitsablauf so aus: Der Schmied riss dem an einer Wand angebundenen Pferd mit einer Zange die Hufeisen ab und beschnitt dann die Hufe des Tieres. Ein Mann, meist der Bauer, hielt den Fuß des Pferdes hoch. Das Tier stand dann auf drei Beinen und drückte mit voller Gewalt gegen den Meister und seine Helfer. Das heiße Hufeisen wurde sorgfältig auf den Huf gedrückt und angenagelt. Dabei musste der Schmied mit genauem Augenmerk darauf achten, dass die Nägel schräg, auf keinen Fall gerade, eingeschlagen wurden, sie hätten sonst das Tier verletzt. Es hat Pferde gegeben, bei denen die Nägel *ins Leben drangen*. Das Tier hat dann lange Zeit gelahmt und war später beim Beschlagen kaum zu halten. Zwei bis drei Männer mussten das Tier dann bändigen. Die Erinnerung des Pferdes an das einmal missglückte, äußerst schmerzhafte Beschlagen konnte um Jahre zurückreichen. Deshalb hieß es oft: *Nur vor der rechten Schmiede wird man gut beschlagen*. Das Beschlagen der Kühe war ähnlich, auch bei ihnen wurden nach dem Abriss der Fußeisen die Hufe – die *Kutte* – beschlagen und das neue Eisen, eine dünne Platte, aufgenagelt. Nur durch sorgfältige Arbeit konnte man Huf und Horn bei den Zugtieren schonen.

Der Beruf des Hufschmiedes ist, das erfahren wir in unserer Gegenwart, wenn wir mit offenem Auge durch unsere Dörfer und Städte gehen, nicht ausgestorben, wenn auch das alte Schmiedehandwerk im Ganzen mit seinen unterschiedlichen Arbeiten schon seit Jahrzehnten nicht mehr besteht.

Aber die zahlreichen Reitvereine, deren Pferde beschlagen werden müssen, und das Bestreben vieler Menschen in unserer Gegenwart, handwerklich geschmiedete Qualitätsarbeit statt billiger Massenartikel zu erhalten, haben die Tätigkeit etwas aufgewertet, haben jedenfalls das völlige Aussterben eines alten, bis zur Bronzezeit zurückreichenden Berufes verhindert.

d) Zur Benennung der Handwerkernamen

Die deutschen Handwerkernamen weisen eine große Heteronymik oder – wie man in der Sprachwissenschaft auch formuliert – eine umfangreiche landschaftliche Synonymik auf. Darunter versteht man folgende Erscheinung, die wir in dieser Arbeit schon einige Mal nachgewiesen haben: In unterschiedlichen Räumen stehen sich für die gleiche Sache, den gleichen Gegenstand unterschiedliche Bezeichnungen gegenüber. So galt oder gilt teilweise heute noch im ehemaligen deutschen Sprachgebiet für den ***Metzger***: *Schlachter* im Norden, *Fleischer* im Nordosten und Osten, *Fleischhacker* im Südosten und *Metzger* in einem großen Gebiet des Westens und des Südwestens, also auch in Hessen.

Die Sprachwissenschaftler sind natürlich nicht nur an diesen unterschiedlichen Benennungen interessiert, sondern suchen auch nach deren Gründen. Benennungsmotivik nennen sie diese Erscheinungen und den Versuch, die Benennungen (Bezeichnungen) zu erklären. Wir können in dieser Arbeit natürlich keine ausführliche Untersuchung über die landschaftliche Synonymik der Handwerkernamen durchführen. Das muss einer späteren umfassenden Darstellung vorbehalten bleiben. Wir wollen aber auf eine Reihe von typischen Einzelbeispielen einer gesamtdeutschen Benennung kurz hinweisen.

Da gibt es, wie beim Schmied, im gesamtdeutschen Sprachgebiet nur **eine** Bezeichnung: *Schmied.* Bei den meisten Beispielen ist es jedoch anders: Man unterscheidet bei den Bezeichnungen nach folgenden Kriterien drei Gruppen. Es ist

a) eine erste Gruppe anzuführen, die man nach dem **Erzeugnis** benennt (z. B. *Hafner, Töpfer, Dippemacher).* Dann gibt es
b) eine zweite Gruppe, die man nach der **Tätigkeit** bezeichnet (z. B. *Spengler, Klempner, Binder*). Schließlich ist
c) eine dritte Gruppe zu erwähnen, die man nach dem verarbeiteten **Material** benennt (z. B. *Blecher*).

d1) Der Töpfer

Für den *Töpfer* stehen sich (wie schon im Band „Die Mundarten in Hessen" erwähnt) im Dialektgebiet des ehemaligen deutschen Sprachraums gegenüber: *Potter* im Norden, *Töpfer* im Osten (von der Weser bis an die Oder) und im Moselgebiet. Hier gilt in kleinen Räumen außerdem *Erdebäcker, Kannebäcker, Aulebäcker, Euler. Dippe(n)macher* erscheint in großen Teilen des Westmitteldeutschen, besonders im Gebiet des heutigen Bundeslandes Hessen. Im Süden Deutschlands, in einem Gebiet etwa südlich des Mains, kommt *Hafner* vor. Schließlich existieren nach Auskunft unserer ältesten Gewährsleute am gleichen Ort auch noch verschiedene Bezeichnungen nebeneinander, z. B. im mittleren Hessen, etwa dem Altkreis Schlüchtern. Dort wurde gelegentlich *Euler*, *Häfner* und *Dippenmacher* im gleichen Ort gemeldet. Wir können hier also von einer echten Synonymie reden. Der Name des *Töpfers* kommt von dem Produkt, das er herstellt: der *Pötter*, der *Töpfer*, der *Dippe(n)macher*, der *Hafner*, auch der *Euler* stellen das, was sie bearbeiten, meist aus Ton her. Auf Sonder- und Einzelentwicklungen, auch auf Unterschiede des Materials, das bei der Herstellung benutzt wurde, kann ich hier nicht eingehen.

Die *Töpfer* kamen einst mit ihren Gespannen in die Teile Hessens, in denen die besten klebrigen Tonsorten vorkamen, um sich mit geeigneter Erde einzudecken. Zu Hause formten sie dann mit geschickten Händen und Füßen an den Drehscheiben ihre Waren. Man unterschied verschiedene Herstellungsphasen.

Zunächst mussten die Unreinheiten des verwandten Grundstoffes Ton beseitigt werden. Dazu schnitt man die Erde einst in dünne Scheiben. Später, als Maschinen auch in diesem Beruf eine Rolle spielten, wurde die Tonerde durch Maschinen – man nannte sie Tonmaschinen – gewalzt. Den auf der Walze gereinigten Grundstoff hat man dann sorgfältig durchgeknetet und auf der Drehscheibe zu unterschiedlichen Gefäßen verarbeitet. Am vorletzten Ende der Arbeit standen das Trocknen und die künstlerische Bearbeitung. Es war der besondere Stolz des Handwerkers, seine Ware zu *blümen*, d. h. zu bemalen und die Glasur aufzutragen. Das Ende der Arbeit war das Brennen der Ware im Brenn- oder Eulerofen. Die Tonwaren mit unterschiedlichen Glasuren brauchten verschiedene, meist sehr hohe Brenngrade, 1200 °C waren keine Seltenheit. Wenn schließlich der Ofen am Ende der Arbeit ausgeglüht war, wartete der Meister voller Spannung und auch voller Aufregung darauf, ob die Arbeit gelungen war, z. B. ob die Gefäße Sprünge in der Glasur aufwiesen oder nicht.

Ein weit bekannter Mittelpunkt der Dibbenmacherkunst war das Kannebäckerland, aber auch in vielen anderen Gebieten hat es einst die Töpferei gegeben. Sie hat sich jedoch nur in wenigen Räumen Hessens erhalten.

Wenn auch die Familiennamen *Töpfer*, *Töpper*, *Euler* und *Hafner* heute noch öfter in Hessen anzutreffen sind, so denken viele Menschen nicht mehr darüber nach, oder sie wissen es nicht mehr, dass ihre Vorfahren einen der ältesten und geachtetsten Berufe ausübten.

d2) Der Böttcher

Ein weiterer alter Beruf, der uns in vielen unterschiedlichen Bezeichnungen begegnet, ist der des *Böttchers*. Es ist der Handwerker, der ganz unterschiedliche Holzgefäße herstellt: Kannen, Fässer, Waschzuber, Tonnen, Bottiche. Die Winzer brauchten die Weinfässer, die Bauern die Jauchefässer und die Tränkeimer, die Hausfrauen die Krautfässer, die Sauerteigbehälter, die Butterfässer, die Mehlfässer u. v. m. Auch für diesen Beruf gibt es heute, wie es bei den übrigen Handwerkerpositionen der Fall ist, die normale Ausbildung im handwerklichen Lehrverhältnis mit dem Abschluss durch die Gesellenprüfung, mit der möglichen Fortbildung bis hin zur Meisterprüfung.

Landschaftliche Synonyme (Heteronyme): Der Handwerker heißt in den Mundarten des ehemaligen deutschen Sprachgebiets *Böttcher* im Nordosten, nämlich vom Main bis südlich von Hamburg und bis hin nach Schlesien und Ostpreußen. Im Südosten gilt *Binder*, in der Region um München *Schäffler*, im großen West-Gebiet erscheint *Kiefer* (*Küfer*), in der Region längs der Weser wurde *Büttner* gemeldet. Daneben gibt es in Hessen eine Fülle von Belegen an Einzelarten, also echte Synonyme. So konnte ich in einer einzigen Gemeinde des östlichen Mittelhessischen noch belegen: *Büttcher*, *Küper*, *Fassbinder*, *Schäffler*, *Büttner*, *Fässler* und *Küre*.

Böttcher ist wie *Böttner* und *Büttner* zur Gefäßbezeichnung *Bütte*, *Butte* zu zählen (ahd. butima aus mlat. butima), *Küfer*, *Küper* gehört zu ‚Kufe', d. i. Gefäß (ahd. kuofa), *Binder* ist von der Arbeit des Böttchers her zu deuten, der die einzelnen Bretter zum Gefäß zusammenfügt usw.

Erstaunlich ist die Tatsache, dass der Böttcher für die Herstellung der Gefäße nur Holz, Bandeisen und Schilfblätter brauchte. Ganz früher benutzte er nach der Erinnerung unserer ältesten Gewährsleute statt Bandeisen gut gewachsene und feste Weidenruten. Das Holz, das er brauchte, holte er aus den Eichen- und Lärchenbeständen des näheren oder, wenn es nötig war, auch des ferneren Umlandes. Nur für die Jauchefässer benutzte er das billigere Fichtenholz. Die Dauben, das sind die für das jeweilige Fass bestimmten Bretter, wurden von den Bandeisenreifen zusammengehalten, und das besonders gut quillende Böttcherschilf schloss die Berührungsflächen der sorgfältig geschnitzten Fassdauben völlig wasserdicht ab.

Die Kunstfähigkeit des Böttchers, der mit einer Reihe von verschiedenen Werkzeugen die drei genannten Werkstoffe – Holz, Bandeisen und Schilfblätter – zu Holzfässern verarbeitete, war schon vor dem letzten Krieg kaum noch gefragt. Heute ist der alte, anerkannte Beruf weitgehend geschwunden. Auch er unterlag im Kampf gegen die industrielle Massenware. Das Holz konnte sich in der Auseinandersetzung mit Kunststoff und Blech nicht halten.

3. Handwerk und Handwerker unserer Tage

Nach dem Zweiten Weltkrieg mussten Gesellschafts- und Wirtschaftsordnung neu aufgebaut werden. Hierbei fiel dem Handwerk eine bedeutende Rolle zu: Der Wirtschaftsaufbau konnte nicht ohne selbstständige Unternehmer stattfinden. Dieser wichtigen Rolle entsprach ein großes Ansehen der Handwerksmeister in der Bevölkerung.

Seit der zweiten Hälfte des 20. Jahrhunderts hat sich das traditionelle dörfliche Handwerk grundlegend verändert. Die ursprünglichen Landhandwerke sind meist, wie wir gesehen haben, von großem Rückgang betroffen oder sogar ganz geschwunden. Waren noch zu Anfang des 20. Jahrhunderts größere Dörfer weitgehend Selbstversorger – alle wichtigen Handwerke waren im Dorf vertreten –, so wirkte sich in der zweiten Hälfte des 20. Jahrhunderts die Industrialisierung auch auf die Dörfer aus. Der Aufbau von großen Supermärkten im ländlichen Raum verdrängte z. B. das dörfliche Bäcker- und Metzgerhandwerk. Junge Handwerksmeister aller Sparten verließen und verlassen häufig den dörflichen Betrieb, um als Führungskräfte in Fabriken oder Industrieansiedlungen in ländlichen Gebieten zu arbeiten. So starben und sterben viele dörfliche Betriebe nach und nach aus.

Eine andere Entwicklung ist die zunehmende Technisierung auch im ländlichen Handwerk. In den letzten Jahrzehnten sind neue, moderne Formen von Handwerksbetrieben entstanden, z. B. Elektrobetriebe, Kraftfahrzeugmechanikbetriebe, Sanitär- und Heizungstechnik u. a. Diese Formen sind vielfach, wie wir in zahlreichen Gesprächen erfahren haben, aus den alten dörflichen Handwerksbetrieben hervorgegangen. Oft hat sich die neue Generation eines Familienbetriebs zur Umstellung entschlossen, um überleben zu können bzw. konkurrenzfähig zu bleiben. Diese Tendenz stellt auch G. Henkel fest: „Nicht selten sind derartige Handwerkszweige aus Betrieben des traditionellen Handwerks hervorgegangen, womit in der Regel eine Mechanisierung und Spezialisierung der Produktion verbunden war. So haben sich traditionelle Schreinerbetriebe ausschließlich auf die Herstellung von Fenstern, Kleinmöbeln oder auch Geschenkartikeln konzentriert. Alte Schmieden wurden häufig zu Kfz-Werkstätten mit Tankstellen umfunktioniert, nicht selten spezialisierte man sich auf die gefragten Kunstschmiedearbeiten." (Henkel, S.160).

Diese Entwicklung zeigt die allgemeine Erkenntnis, dass ein ständiges Umdenken und Weiterlernen für den Handwerker in unserer Zeit erforderlich sind. Unsere Informanten und Informantinnen haben manche Sprichwörter und Wendungen genannt, die auf diese Situation des modernen Handwerkes und des Handwerkers verweisen, z. B. *Die Handwerker wissen viel, aber keiner hat ausgelernt.* = Ständiges Lernen gehört zu ihrer Berufsarbeit. Ohne Wissen und ständiges Lernen können sie sich den Herausforderungen der modernen Wirtschaft in einer globalisierten Welt nicht stellen. Diese Aufforderung zum ständigen Weiterlernen und erfolgreichem Handeln wird auch vermittelt in der Aussage: *Wissen ohne Gebrauch ist Feuer ohne Rauch.* In diesem Zusammenhang wurde auch genannt: *Es ist gleichviel, wo der Handwerker sitzt* (welche gesellschaftliche Stellung er hat), *wenn er nur etwas weiß.*

Die systematische Befragung unserer Informanten (Informantinnen) bestätigt diesen Eindruck, der die Onomastik aufzeigt: Die Voraussetzung für den Erfolg des modernen Handwerks ist ein umfangreiches Wissen: „Wir müssen", so formuliert Prof. Rolf-Dieter Postleb, der Präsident der Kasseler Gesamthochschule, „auch auf der regionalen Ebene erkennen, dass Wissen der zentrale Standortfaktor ist, und nach den Bedingungen für ein ‚innovatives regionales Milieu' fragen." (Oberhessische Presse 24. 5. 2002). „Nicht nur der globale, sondern auch der regionale Wettbewerb (gerade im Zusammenschluss auf der EU-Ebene) verstärkt und verschärft den Wettbewerb für den Handwerker in bisher nicht gewohnter Weise. Aber der Anbieter von handwerklichen Leistungen muss wissen: Seine Meister sind nicht allein. Sie müssen sich auf ihn und die Kollegen und Kolleginnen verlassen können. Denn nur „qualifizierte und verantwortungsvolle Mitarbeiter tragen das Ihre zum Erfolg des Betriebes bei. Das erfordert zum einen eine kontinuierliche Aus- und Weiterbildung, in die auch Frauen mit einzubeziehen sind, um dem Mangel an Führungs- und Fachkräften im Handwerk zu begegnen. Berufsbegleitende Qualifizierung ist nicht nur im technischen Bereich, sondern gerade hinsichtlich Management, Kommunikation und Marketing handwerklicher Leistung nötig. Zum anderen gilt es, die Identifikation der Mitarbeiter mit dem Betrieb zu fördern, also ‚Marketing nach innen' zu betreiben. Denn zufriedene Mitarbeiter sind die beste Voraussetzung für zufriedene Kunden. Die Summe aus diesen Stoßrichtungen ergibt die Zukunft des Handwerks und damit des regionalen Standorts.

Fazit: Mittelständische Unternehmer sind typische Eigengewächse, sie sind der Region verhaftet und auf dem Arbeitsmarkt die Jobmaschine ersten Ranges. Der Mittelstand ist im Spannungsfeld zwischen globalen Herausforderungen und lokaler Standortpolitik im besonderen Maße gefordert – ein Moment, das die Kreativität durchaus fördert, steht man doch unter Erfolgsdruck" (Sylvia Reinhardt, Jutta Schreiner-Koscieling und Gerhard Trapp, Globale Herausforderungen).

In der jüngsten Vergangenheit und in der Gegenwart sind viele Untersuchungen zur Situation des Handwerks erschienen. Diese Situation unterscheidet sich grundlegend vom Arbeitsmarkt früherer Tage. Von besonderer Bedeutung ist die Nutzung der heute bestehenden Informations- und Kommunikationstechnologien. Rohstoffe oder Arbeitsmaterialien werden heute nicht mehr nur aus der Region bezogen, sondern es wird im Internet nach dem günstigsten Angebot gesucht und dort auch bestellt.

Viele Handwerker haben sich aber für die Kooperation ihres kaufmännischen und technischen Handelns mit der Arbeit von Kollegen entschlossen. Die Vorteile, die in diesem Zusammenwirken öfter genannt werden, bestehen in besseren Marktchancen, billigeren Preisen, größeren Aufträgen und in der Erweiterung der Zielgruppen, der Kunden. Ein nachahmenswertes Beispiel dafür, wie aus der Konfrontation der Betriebe die Kooperation entstehen kann, führt Mainhard Moog in einer lesenswerten Diplomarbeit (1998) aus. Er weist auf einen „ökologisch sinnvollen Holzverbund" im Burgwalde in der Nähe Marburgs hin. Dieser Verbund umfasst alle Arbeitsschritte von der Gewinnung (Forstwirtschaft) über die Bearbeitung (Sägewerke) bis zur Produktion (Hausbauer u. a.) innerhalb eines überschaubaren Raumes. Durch einen solchen Verbund könnte das Konkurrenzdenken der verschiedenen Handwerker überwunden werden, das sieht Moog richtig. Außerdem würden durch geringe Transportwege Kosten gespart und die Umwelt geschont.

Andere Formen des Strukturwandels im Handwerk sind in der Forschung und in den Berichten unserer Gewährsleute oft genannt worden. Sie prägen entscheidend die Leistungs- und Wirtschaftskraft der Region.

III. Wichtige Verwaltungseinheiten, Institutionen, Gemeinschaften, Verbände u. a. für die Regionen Hessens

In Hessen sind, z. T. schon vor längerer Zeit, Verwaltungseinheiten, Institutionen, Gemeinschaften, Verbände, Versicherungen u. a. entstanden, die sich für ein „funktionierendes Volksleben" eingesetzt haben. Sie tun es auch heute noch in einer besonders schwierigen Zeit des Wettbewerbs und des Umbruchs und sie bemühen sich um den Erhalt und einen zügigen Ausbau der Einzelregionen.

Vor allem bei unseren abschließenden Kontrollfahrten haben uns zahlreiche Einrichtungen finanziell, ideell und durch vielfachen Zuspruch unterstützt. Ich denke gerne an die erfreuliche Zusammenarbeit zurück.

Diese Gruppierungen sind nicht isoliert zu sehen. Sie sind – das ist eine der wichtigsten Erkenntnisse, die wir gewonnen haben – eingebunden in ein umfassendes Netzwerk, ein großes wirtschaftliches, soziales, kulturelles und technologisches Beziehungssystem.

Eingehen möchte ich in diesem Zusammenhang auf die wichtige Rolle der einzelnen Gemeinden und Landkreise, die Bedeutung der Kirchen, auf land- und forstwirtschaftliche und handwerkliche Verbände und schließlich auf die Rolle von Versicherungen und Versorgungsbetrieben u. a.

1. Politische Verwaltungseinheiten

Die Verwaltung des Bundeslandes Hessen ist heute auf drei Regierungsbezirke aufgeteilt: den Regierungsbezirk Kassel im Norden, den Regierungsbezirk Gießen in der Mitte und den Regierungsbezirk Darmstadt im Süden Hessens.

Nach dem Zweiten Weltkrieg wurden zunächst die Regierungsbezirke Darmstadt, Wiesbaden und Kassel gebildet. 1968 wurde dann der Regierungsbezirk Wiesbaden aufgelöst, sodass es in Hessen 13 Jahre lang nur zwei Regierungsbezirke – Darmstadt für den Süden und Kassel für den Norden – gab. Der Regierungsbezirk Gießen wurde im Jahr 1981 eingerichtet, um für die Mitte des Bundeslandes eine eigene Verwaltungseinheit zu schaffen und somit die Region Mittelhessen zu stärken.

Wichtige Aufgaben der Verwaltung nehmen die kleinen Verwaltungseinheiten, die Gemeinden und die Landkreise, wahr. Sie spielen für die Lebenswelt der Menschen in Hessen eine entscheidende Rolle. Die Informanten, mit denen wir gesprochen haben, sagten uns immer wieder, dass man sich heute stärker als je auf die verschiedenen Kräfte der Einzelregionen, z. B. auf die einzelnen Gemeinden, aber auch auf die Landkreise konzentrieren müsse.

Das angestrebte Leitbild ist die von den Menschen gewünschte Symbiose zwischen „Heimatverbundenheit" und „Weltoffenheit".

a) Die Gemeinden Hessens

Nicht hoch genug einzuschätzen für das Zusammenwirken der Kräfte sind die Gemeinden.

Im 19. Jh. gehörten im rechtlichen Sinne zur dörflichen Gemeinde nur die Grundbesitzer. Die anderen Dorfbewohner waren meist rechtlos. Die Hofbesitzer regelten ihre gemeinsamen öffentlichen Aufgaben in dörflichen „Ordnungen". Zusammenarbeit der Grundbesitzer eines Ortes war z. B. wichtig beim Bau und Unterhalt von Wegen und Wasserläufen oder beim Feuerschutz.

Erst mit der Weimarer Reichsverfassung von 1919 erhielten alle volljährigen Gemeindeeinwohner das gleiche Wahlrecht. Damit wurden alle Ortseinwohner als Gemeindemitglieder anerkannt, unabhängig von Herkunft oder Besitz. Seit dieser Zeit können alle volljährigen Bewohner einer Gemeinde in örtlichen Angelegenheiten mitbestimmen.

Heute wählen die Bürger einer Gemeinde die Gemeindevertretung, in Städten Stadtverordnetenversammlung genannt. Diese ist das oberste Organ und entscheidet die wichtigsten Angelegenheiten der Gemeinde.

Der Gemeindevorstand, in Städten Magistrat, vertritt die Gemeinde nach außen und übernimmt die laufende Verwaltung. Den Vorsitz hat der Bürgermeister, außerdem besteht der Gemeindevorstand aus dem ersten Beigeordneten und weiteren Beigeordneten. In großen Städten heißt der Magistratsvorsitzende Oberbürgermeister, der erste Beigeordnete Bürgermeister.

Den Gemeinden ist heute durch das Grundgesetz (Art. 28 Abs. 2) die **kommunale Selbstverwaltung** garantiert, d. h. die einzelnen Gemeinden regeln alle „**Angelegenheiten der örtlichen Gemeinschaft** im Rahmen der Gesetze in eigener Verantwortung". Art. 137 Abs.1 der Hessischen Verfassung bestimmt, dass die Gemeinden „in ihrem Gebiet unter eigener Verantwortung die ausschließlichen Träger der öffentlichen Verwaltung" sind. Die Gemeinden sind also für alles zuständig, was einen örtlichen Bezug hat. Diese Bestimmungen haben große Konsequenzen für das Leben in den einzelnen hessischen Städten und Dörfern: Wie uns immer wieder von Befragten aller Altersschichten versichert wurde, sind die Aufgabenbereiche der Gemeindeverwaltung im Alltag besonders spürbar. Aufgabenbereiche der Gemeinde sind vor allem: Allgemeine Verwaltung, allgemeine Finanzwirtschaft, öffentliche Sicherheit und Ordnung (z. B. Polizei), Schulen, Wissenschaft und Forschung, Kulturpflege, soziale Sicherung, Gesundheitsvor- und -fürsorge (z. B. kommunale Krankenhäuser), Sport und Erholung, Bau- und Wohnungswesen, Verkehr, öffentliche Einrichtungen, Wirtschaftsförderung, gemeindeeigene wirtschaftliche Unternehmen, allgemeines Grund- und Sondervermögen.

In unseren Tagen ist ein Leben z. B. ohne Wasserleitungen oder ohne Kanalisationsleitungen, die von den Gemeinden für die Bürger gebaut wurden oder werden, oder ohne öffentliche Busverbindungen nicht denkbar. Ein wichtiger Lebensbereich gerade in unserer Zeit ist die Freizeitgestaltung für Jung und Alt. Hierfür stellt die Gemeinde z. B. Sportplätze, öffentliche Schwimmbäder, Büchereien, Theater, Räume für besondere Veranstaltungen u. a. zur Verfügung. Diese Einrichtungen dürfen von allen Einwohnern be- und genutzt werden. Das tägliche Leben in Hessen wird ganz entscheidend von dem Angebot in den einzelnen Gemeinden geprägt.

Am Beispiele meiner Heimatstadt Marburg möchte ich anführen: Zu besonders wichtigen Projektbereichen, um die sich der Magistrat und die Stadtverordnetenversammlung bemühen, gehören: die Tätigkeit für eine intakte Infrastruktur, für die Bildung (Universität, Schulen), für bürgernahe Dienstleistungen verschiedener Art (soziale Aufgaben), auch Unterstützung der Wirtschaftsunternehmen in der Stadt, der Handwerksbetriebe, lebensfähiger Einzelhandelsgeschäfte. Das ist nötig in einer immer radikaler gewordenen Wettbewerbssituation.

Außerdem stellt jede Stadt oder Gemeinde selbst Arbeitsplätze zur Verfügung. Eine nicht unbedeutende Zahl der Gemeindeeinwohner ist heute im kommunalen Bereich beschäftigt. Dazu gehören nicht nur der Bereich der allgemeinen Gemeindeverwaltung, sondern z. B. auch die Krankenpflege in den kommunalen Krankenhäusern oder die Arbeit in den kommunalen Kindergärten. Kommunale Wirtschaftsunternehmen dienen als Arbeitgeber, etwa in der Energie- und Wasserversorgung oder im öffentlichen Personennahverkehr. Somit sind die einzelnen Gemeinden auch im Bereich der Arbeitsbeschaffung von entscheidender Bedeutung.

b) Die Landkreise Hessens

Eine bedeutende Rolle im Umbruch des 20. Jahrhunderts spielten auch die einzelnen Landkreise, und sie tun es auch in unserer Zeit.

Das Bundesland Hessen bestand bei seiner Gründung 1946 aus 39 Landkreisen und neun kreisfreien Städten. Die Gebiets- und Verwaltungsreformen der Jahre 1972–1977 und 1979 änderten das: Seit 1979 gibt es in Hessen nur noch 21 Landkreise und fünf kreisfreie Städte. Die kreisfreien Städte sind: Darmstadt, Frankfurt am Main, Kassel, Offenbach am Main und Wiesbaden. Die Städte Fulda, Gießen, Hanau und Marburg haben ihre Kreisfreiheit verloren.

Hessische Landkreise sind heute: der Landkreis Bergstraße, der Landkreis Darmstadt-Dieburg, der Landkreis Fulda, der Landkreis Gießen, der Landkreis Groß-Gerau, der Landkreis Hersfeld-Rothenburg, der Hochtaunuskreis, der Landkreis Kassel, der Lahn-Dill-Kreis, der Landkreis Limburg-Weilburg, der Main-Kinzig-Kreis, der Main-Taunus-Kreis, der Landkreis Marburg-Biedenkopf, der Odenwaldkreis, der Landkreis Offenbach, der Rheingau-Taunus-Kreis, der Schwalm-Eder-Kreis, der Vogelsbergkreis, der Landkreis Waldeck-Frankenberg, der Werra-Meißner-Kreis und der Wetteraukreis.

Die Landkreise sind in gewisser Weise die Verbindung zwischen den hessischen Gemeinden und dem Bundesland Hessen. Auch für sie ist die Selbstverwaltung durch das Grundgesetz (Art. 28 Abs. 1) garantiert. Landkreise erfüllen vor allem Aufgaben, die die Leistungsfähigkeit der Gemeinden übersteigen. Solche Aufgaben sind z. B. der Bau und Unterhalt von Kreisstraßen und allgemein die Verkehrsinfrastruktur (Mobilität und ihre Folgen), der Personennahverkehr, sofern er von einzelnen Gemeinden nicht zu leisten ist, Gewerbeflächen, die aktive Gewerbepolitik, Polizei, Schulamt, Rettungswesen, Bauaufsicht, Ressourcen. Ein bedeutsamer Handlungsbereich ist auch die Bildung (Volkshochschulen, freie Bildungsträger, die in der Zukunft bei den knappen staatlichen Kassen eine immer größere Rolle spielen werden). Dass bei diesen Handlungsbereichen Überschneidungen mit der Tätigkeit der Einzelgemeinden möglich sind, ist unausweichlich. Absprachen sind für eine gute Zusammenarbeit der Gemeinden nötig. Hierbei helfen verschiedene Verbände, auf die ich im nächsten Abschnitt eingehe.

c) Zusammenschlüsse der Gemeinden und Landkreise

Wichtig für die Erfüllung verschiedener Aufgaben ist die Kooperation mit Nachbargemeinden oder Nachbarkreisen. Gemeinden und Landkreise können sich zur Wahrnehmung öffentlicher Aufgaben zusammenschließen. Zweckverbände der interkommunalen Zusammenarbeit sind häufig, z. B. bei der Abfall- und Abwasserbeseitigung, bei der Trinkwasserversorgung oder auch im öffentlichen Personennahverkehr. Wichtiges und größtes Beispiel ist der 1953 gegründete Landeswohlfahrtsverband, der u. a. Aufgaben der Sozialhilfe, der Gesundheitspflege und der Schwerbehindertenhilfe wahrnimmt.

Gemeinden und Kreise haben sich darüber hinaus zu kommunalen Spitzenverbänden zusammengeschlossen. Es sind:

- **der deutsche Städtetag**: Mitglieder sind die großen, kreisfreien Städte;
- **der deutsche Städte- und Gemeindebund**: Mitglieder sind die kleineren Städte und Gemeinden;

– **der deutsche Landkreistag**: Mitglieder sind die Landkreise.

Die Spitzenverbände gliedern sich jeweils in Landesverbände. Für die hessischen Gemeinden und Landkreise treten der hessische Städtetag, der hessische Städte- und Gemeindebund und der hessische Landkreistag ein.

In diesen Verbänden werden die verschiedenen Faktoren und Kräfte der einzelnen Gemeinden bzw. Landkreise gebündelt. Die Verbände nehmen wichtige Aufgaben für die Kommunen wahr.

Auf der einen, internen Seite werden die einzelnen Gemeinden und Landkreise informiert und beraten, z. B. bezüglich regionaler Verflechtungen der Wirtschaft. Hier kann der Spitzenverband wichtige Impulse für die regionale Wirtschaft geben. In diesen und anderen Fragen werden Erfahrungen innerhalb der Verbände ausgetauscht, Empfehlungen und Mustersatzungen erarbeitet.

Auf der anderen, externen Seite dienen die Verbände der gemeinsamen politischen Interessenvertretung gegenüber Bund und Ländern. Sie wirken mit bei der Gesetzgebung und bei Finanzregelungen, die auf Bundes- oder Landesebene getroffen werden. Die Kommunen erlangen so Einfluss auf die „große" Politik. Daher dienen die Spitzenverbände nicht zuletzt der Unterstützung der Demokratie.

2. Die großen Volkskirchen

Nicht zu unterschätzen ist auch heute die Rolle der christlichen Kirchen in der Gesellschaft. Zwar hat sich das Bevölkerungsbild in Hessen im Laufe des 20. Jahrhunderts verändert, was auch Auswirkungen auf die Religionsgemeinschaften hatte. Die christlichen Kirchen sind aber nach wie vor ein wichtiger Faktor des Lebens in ländlichen Gemeinden und in der Stadt.

Zu Beginn des 20. Jahrhunderts war der evangelische Bevölkerungsanteil in Hessen sehr groß: Vor dem Zweiten Weltkrieg waren etwa 70 % der Hessen evangelisch. Durch den Zustrom von Vertriebenen nach 1945 nahm der katholische Bevölkerungsanteil zu. Heute sind etwa die Hälfte der Hessen evangelisch und ein Drittel katholisch.

In der zweiten Hälfte des 20. Jh. haben andere Religionsgemeinschaften an Bedeutung gewonnen, die hier zu Anfang des letzten Jahrhunderts kaum bekannt waren. Mit dem Zuzug von ausländischen Arbeitnehmern kamen auch deren Religionsgemeinschaften wie z. B. der Islam nach Hessen. Vor allem in Frankfurt am Main hat die islamische Religionsgemeinschaft heute eine große Bedeutung. Von evangelischen und katholischen Kirchen beklagte Kirchenaustrittsbewegungen der letzten Jahrzehnte führten dazu, dass die Zahl der Konfessionslosen größer geworden ist. Insgesamt kann man aber sagen, dass am Ende des 20. Jh. etwa 80 % der Einwohner Hessens den christlichen Kirchen angehörten.

Die Kirchenzugehörigkeit der einzelnen Bürger richtet sich nach dem Wohnsitz. In Hessen teilt sich die **evangelische** Kirche ein in:
a) die **Evangelische Kirche in Hessen und Nassau** mit Sitz in Darmstadt,
b) die **Evangelische Kirche von Kurhessen und Waldeck** mit Sitz in Kassel,
c) die **Evangelische Kirche im Rheinland** (rheinische Landeskirche) mit Sitz in Düsseldorf (Sie deckt das Gebiet um Wetzlar/Braunfels ab).
Die **katholischen** Gemeinden Hessens unterstehen:
a) dem **Bistum in Limburg** oder
b) dem **Bistum in Fulda**.
c) Teile Hessens fallen auch unter das **Bistum in Mainz** oder
d) das **Erzbistum in Paderborn**.

Nach der Meinung vieler unserer Gewährsleute sind die christlichen Kirchen auch heute noch besonders wichtige Erscheinungsformen der heimatlichen Regionen. Das gilt besonders für das ländliche Leben. In diesem Sinne meint auch G. Henkel: „Die Kirche wird bei der Auflistung der dörflichen Infrastruktur oft vergessen. [...] Dies ist wenig verständlich, zumal die Pfarrgemeinden neben ihrem religiösen Auftrag traditionell auch wesentliche kulturelle und soziale Aufgaben in den Dörfern wahrnehmen." (Henkel: Der ländliche Raum, S. 246).

Das zeigt sich nicht zuletzt an der Bedeutung, die auch in unseren Tagen die religiösen Feste im Jahres- und Lebenslauf haben: Weihnachten, Ostern, Pfingsten: Für mehr Menschen, als man gewöhnlich annimmt, steht die religiöse Besinnung im Mittelpunkt dieser Feste, auf die ich schon in Band 1 („Die Mundarten in Hessen – Regionalkultur im Umbruch des 20. Jahrhunderts") im Lexikonteil verwiesen habe. Ähnliches gilt für die großen Feste im Leben eines Menschen: Taufe, Kommunion oder Konfirmation, kirchliche Trauung und kirchliche Bestattung sind für viele unverzichtbar. Zwar ist im Laufe des Jahrhunderts der Prozentsatz der kirchlichen Trauungen und Bestattungen oder auch der Taufen zurückgegangen, aber die wichtigen Stationen im Leben werden nach wie vor oft mit kirchlichem Hintergrund begangen. Für die meisten Menschen vor allem der Landbevölkerung ist es auch heute undenkbar, eine Ehe „ohne kirchlichen Segen" zu schließen oder nicht christlich bestattet zu werden.

Auch im Alltag ist die Rolle der Kirche von großer Bedeutung: Sonn- und feiertägliche Gottesdienste sind nach wie vor „Fix- und Höhepunkte im Alltagsleben der Dorfgemeinde" (Henkel S. 246). Wie uns unsere Informanten – meist Alte, aber oft auch Junge – bestätigten, gibt ihnen der Gottesdienst am Sonntag die Kraft, die nötig ist, um den Anforderungen der Woche gerecht zu werden. Daneben ist der Sonntag auch gesellschaftlicher Höhepunkt. Nach dem Gottesdienst trifft man sich, redet mit anderen Gemeindemitgliedern oder mit dem Pfarrer oder Priester. Die sonntägliche Kommunikation ist für viele Gewährsleute unverzichtbar.

Daneben gibt es in den meisten Kirchengemeinden verschiedene Freizeitangebote: Jugend- und Altenclubs, Chöre, Frauenvereine oder Ausflüge sind nur einige Beispiele. Diese Angebote werden allgemein als wichtig empfunden für ein funktionierendes Zusammenleben in der Gemeinde.

Auch im sozialen Bereich werden die Kirchen tätig: Oft werden alte, kranke oder bedürftige Menschen von der Kirchengemeinde nicht nur seelisch, sondern auch mit praktischer und finanzieller Hilfe unterstützt.

Manche unserer Informanten versicherten uns, dass für sie auch in einer profan gewordenen Welt die Religion und die Beziehung zu den Kirchen und auch zu anderen Religionsgemeinschaften immer noch sehr wichtig seien. Diese Informanten meinen sogar, dass im Zuge des wirtschaftlichen und gesamtgesellschaftlichen Wandels die Religionsgemeinschaften noch stärker als bisher in den Medien beachtet und von Politikern gefördert werden sollten, denn diese Institutionen könnten nach ihrer Meinung den Männern und den Frauen, den Alten und den Jungen in unserer Gesellschaft helfen, eine gesunde Lebenssicherheit, ein gesundes Selbstbewusstsein zu erhalten oder zu gewinnen. Die in unseren Tagen verbreitete Zukunftsangst und Lethargie könne mit Hilfe der Kirchen bzw. Priester und Pfarrer überwunden werden. Das fördere das nötige Selbstbewusstsein. Und berufliches, soziales, ja gesamtgesellschaftliches Selbstbewusstsein seien nötig, um künftig am „globalen Geschehen erfolgreich teilnehmen zu können". Um dieses Ziel zu erreichen und überhaupt eine „gefährliche atheistische Grundhaltung" gar nicht erst aufkommen zu lassen oder zu überwinden, sei es wichtig, Positives mit der Religion und den religiösen Gruppierungen zu verbinden, z. B. auch durch ein großes soziales Engagement in kirchlichen Altenheimen, in Kindergärten u. a. So müssten der Pfarrer, die Pfarrerin, der Priester sich bemühen, den Einzelnen in der Gemeinde bei gesellschaftlichen, sozialen und ethischen Problemen zu beraten. Vor allem sei es in unserer schwierigen Zeit nötig – nicht zuletzt durch vorgelebtes Beispiel von Pfarrer(inne)n, Priestern und Predigern – ein Wertesystem zu vermitteln, das sich an den Inhalten der christlich-abendländischen Kultur orientiere.

Ein solches Wertesystem – oder die Diskussion darüber – könne für viele zu einer Bereicherung des Lebens führen.

3. Verbände in Land- und Forstwirtschaft und für das Handwerk

a) Verbände in der Land- und Forstwirtschaft

Erwähnen möchte ich den hessischen Bauernverband, die land- und forstwirtschaftliche Berufsgenossenschaft Hessens und die gemeinnützige Haftpflichtversicherungsanstalt Darmstadt.

Diejenigen Bauern selbst, die zu unseren Gewährspersonen gehörten, versicherten uns, dass zu ihrer Arbeitswelt eine Vertretung ihrer Interessen durch den Bauernverband und die erwähnte Berufsgenossenschaft und die gemeinnützige Haftpflichtversicherung gehören sollten.

Uns ist in unseren Gesprächen – wie wir oben schon dargelegt haben – eines ganz klar geworden: Man muss heute nach Wegen suchen, wie man das Leben auf dem Land auch für den selbstständigen Bauern lebenswerter machen und wie man das bedenkliche „Bauernsterben" der jüngsten Vergangenheit aufhalten kann. Es ist nicht zu akzeptieren, dass in Hessen in den letzten Jahren immer mehr selbstständige Bauern ihre Betriebe aufgeben mussten. Schon an anderer Stelle habe ich die Verantwortlichen aufgefordert zu überlegen, ob man die Landwirte nicht noch mehr als bisher dazu motivieren kann, die so genannte „Veredelungswirtschaft" oder stärker als bisher die Direktvermarktung in ihren Betrieben einzuführen oder ihre Arbeit auf den „Bioanbau" umzustellen. Wie immer man zu solchen Plänen steht, sie weisen gerade auch für die noch bestehenden Familienbetriebe auf die Notwendigkeit hin, alles zu tun, was politisch möglich ist, damit der noch vorhandene Teil der selbstständigen Landwirtschaft erhalten bleibt. Denn keine Volkswirtschaft kann es sich leisten, ganz auf ihre bäuerlichen Betriebe zu verzichten. Die Landwirte haben in der Zukunft, im Zeitalter der Globalisierung innerhalb der Europäischen Union, gerade in den einzelnen Regionen noch große Aufgaben, z. B. im wichtigen Ausgleich zwischen Ökologie und Ökonomie. Deshalb ist es ein dringender Wunsch der Wissenschaft, die Bestrebungen der Männer und Frauen zu unterstützen, die dafür eintreten, dass die bäuerlichen Betriebe als Garant für intakte Natur und Umwelt erhalten bleiben.

Zu den Aufgaben, mit denen sich die genannten bäuerlichen Verbände beschäftigen müssen, zählen u. a.: das Bemühen der Landwirtschaft um die Erhaltung der Kulturlandschaft, um die berufliche Weiterbildung des Nachwuchses, aber auch um den Ausbau des Fremdenverkehrs. Wichtige Probleme, die von den Bauernführern mit den Politikern besprochen werden müssen, sind die steigenden Kosten für Strom und Wasser, d. h. die unbefriedigende Einkommensstruktur u. v. m.

b) Handwerkskammern

Die Bedeutung des Handwerks und der Handwerkskammern für die einzelnen Regionen und die Großregion Hessen habe ich in der vorliegenden Arbeit schon beschrieben und darauf verwiesen, dass Handwerksbetriebe und die einzelnen Handwerker eine große Bedeutung für die Gemeinschaft haben, z. B.: Handwerker als Arbeitgeber, als Ausbilder, das Handwerk als Nahversorger, aber auch als Repräsentant der Region über ihre Grenzen hinaus, überhaupt als Garant für die Vielfalt des Berufslebens.

Wichtig für das Funktionieren des Berufslebens im Handwerk sind die Handwerkskammern. Sie sind Körperschaften des öffentlichen Rechts. Alle Handwerkstreibenden eines Gebiets gehören per Gesetz zur Kammer in diesem Bereich.

In Hessen gibt es die Handwerkskammern Rhein-Main, Kassel und Wiesbaden.

Aufgaben dieser Kammern sind Beratung und Interessenvertretung der Mitglieder und die Förderung des Handwerks. Die Handwerkskammern führen die Handwerksrollen, in die alle selbstständigen Handwerksbetriebe des Bezirks eingetragen werden. Besonders bedeutsam sind sie bei der Berufsausbildung. Die Handwerkskammern überwachen die Ausbildung und das Prüfungswesen im Handwerk. Zu ihren Aufgaben gehören auch die Unterstützung und Beratung der Behörden, z. B. durch Gutachten und Berichte.

Schließlich – und das ist nicht unerheblich – obliegt den Handwerkskammern der Ausgleich zwischen den Interessen der einzelnen Handwerksorganisationen. Viele gegensätzliche Interessen müssen gewahrt werden, was nicht immer eine leichte Aufgabe ist.

4. Versicherungen, Versorgungsbetriebe u. a.

Ich möchte noch einige weitere Einrichtungen anführen, die sich in vorbildlicher Weise für die Belange unseres Bundeslandes und die der einzelnen Regionen einsetzen. Man könnte noch viele andere Einrichtungen in diesem Zusammenhang nennen, aber ich will mich hier auf einige besonders wichtige Beispiele beschränken:

Eine bedeutsame Aufgabe in unserem Bundesland – wie auch in anderen Bundesländern – nehmen die **Versicherungen** ein. Man kann sich ein angstfreies Leben ohne Versicherung nicht mehr vorstellen. Waren die Menschen in früherer Zeit einem Unglücksfall und seinen Folgen meist hilflos ausgeliefert und Existenzen danach nicht selten völlig zerstört, so tritt heute in diesen Fällen oft eine Versicherung ein. Ein wichtiges Beispiel ist die *Öffentliche Versicherungsanstalt Hessen – Nassau – Thüringen (Sparkassenversicherung).* Die Menschen erkennen und fordern, dass im Zuge des gesamtwirtschaftlichen Wandels eine intakte Einrichtung wie die *Öffentliche Versicherungsanstalt Hessen–Nassau–Thüringen* noch stärker als bisher gefördert werden muss, denn ein solches Unternehmen könne in einer Zeit der Unsicherheit und der Sorge um die Zukunft dabei helfen, auf wirtschaftliche Krisen schnell zu reagieren und vielleicht auch aus ihnen herauszukommen.

Wichtig für das Leben in der Stadt und auf dem Land sind die **Versorgungsunternehmen**. Heute unverzichtbar ist die gesicherte Versorgung mit Strom und Wasser. Eines der wichtigsten und vor allem traditionsreichsten Energieleistungsunternehmen sind die *Oberhessischen Versorgungsbetriebe (OVAG).* Der Faktor Versorgung mit Energie und Wasser wird immer mehr zu einem zentralen Anliegen der modernen Entwicklung. Anforderungen von heute verlangen neue Formen der Innovation, z. B. Wasser sparende Techniken, genaue Kenntnisse des Kläranlagenbaus, überhaupt Summierung von Wissen und Erfahrung für überbetriebliche und überregionale Netzwerke u. v. m.

Zu den großen regionalen Stromlieferanten unseres Bundeslandes gehört die *Energie-Aktiengesellschaft Mitteldeutschland (EAM).* Sie bietet den Kunden nicht nur Strom und Energie an, sondern hat auch einen umfangreichen Service an unterschiedlichen Dienstleistungen aufgebaut. Eine verbraucherfreundliche, sprachlich leicht verständliche Werbung ist eines der besonderen Kennzeichen des Unternehmens. Zu den vielen Aufgaben der EAM zählen u. a. noch Heizungstechniken, Vorstellung von Wärmedämmprozessoren, vorbildliche Energieberatung ganz allgemein u. v. m. Energieberatung ist in der Zeit der knapper werdenden Rohstoffe bei gleichzeitiger Erhöhung des Bedarfs von entscheidender Bedeutung.

Wichtig für eine Region ist die **Infrastruktur**, vor allem auch die **Bebauung**. Eine beachtliche Leistung für eine große Zahl von Bauherren erbringen die Bausparkassen. Ich nenne das *Beamten-Heimstättenwerk.* Mit seiner Hilfe sind viele Bauwünsche realisiert und die Infrastruktur des Landes ist verbessert worden.

Zu den wichtigen Einrichtungen der Großregion Hessen zählt auch die *Hessische Landgesellschaft mbH.* Sie ist die „staatliche Treuhandstelle für ländliche Bodenordnung“ und hat damit eine besondere Aufgabe in der modernen Lebenswelt unserer Heimat.

Rückblick und Ausblick

Vor einiger Zeit ist ein Buch des bekannten niederländischen Publizisten Geert Mak (1996, deutsche Ausgabe 1999) erschienen, das in der Öffentlichkeit großes Interesse gefunden hat. In dieser Darstellung erzählt der Verfasser von einem kleinen Dorf im friesischen Teil Hollands. Was sich in dieser Gemeinde in den letzten fünf Jahrzehnten ereignet hat, lässt sich für viele der von Mak angeführten Beispiele auch auf Hessen beziehen: auch in unserem Bundesland gibt es „eine Revolution der Lebens- und Arbeitsverhältnisse, die im Laufe von nur zwei Generationen Lebensformen und Traditionen zum Verschwinden gebracht hat, die Jahrhunderte überdauert hatten" (hinterer Deckband).

Ich habe im vorliegenden Buch nachweisen können, dass sich im Zuge dieser Entwicklung dramatische Veränderungen in Hessen vollzogen haben, etwa beim Berufsbild des selbstständigen Bauern. Da die Situation dieses Erwerbslandwirts in Vergangenheit und Gegenwart von großer Bedeutung war und ist, bin ich in meiner Arbeit ausführlich auf diesen Beruf eingegangen. Er entspricht heute nicht mehr dem, den unsere Großeltern noch kannten. Die gesamte Lebenssituation des selbstständigen Landwirts hat sich grundlegend verändert, sie hat sich in vielfacher Hinsicht ins Gegenteil von einst verkehrt. Und vor allem: Während die Landwirtschaft früher, wie wir gesehen haben, als vorherrschende Wirtschaftsform das Landleben prägte, sodass beinahe jeder in seiner Gemeinde in die bäuerliche harte Arbeit einbezogen war, wird sie heute in den Dörfern nur noch von einer kleinen Gruppe von Menschen betrieben. Mit diesen Veränderungen ist für viele Dorfbewohner nicht nur ein Zugewinn an Freizeit, um ein wichtiges Beispiel anzuführen, und damit auch an Lebensqualität und an Entwicklungsmöglichkeiten verbunden, sondern es ist gleichzeitig ein Verlust an Kenntnissen über das Wirtschaften und das enge, vertraute Zusammenleben der Menschen in früherer Zeit festzustellen. Dies mag man beklagen, als gegeben hinnehmen oder gar begrüßen, notwendig bleibt es allemal, im Interesse eines historisch begründeten Selbstverständnisses der Menschen das Geschwundene und das Schwindende zu dokumentieren, um den jungen Leuten von heute und auch den Alten, die sich nicht mehr genau an das Einst erinnern können, und vor allem den nachwachsenden Generationen einen Einblick in die Wurzeln ihrer eigenen Lebenswelt zu vermitteln.

Gerade in der Gegenwart, in der ein schneller Wandel auf allen Lebensgebieten zu registrieren ist, ein Wandel, der in dieser Intensität früher noch nie stattgefunden hat, empfiehlt es sich, so genau und sorgfältig wie möglich Bilanz zu ziehen und Vergangenes und Vergehendes in subtiler Beschreibung für die Nachwelt zu erhalten. In ein bis zwei Jahrzehnten, vielleicht in noch kürzerer Zeit, wird es für diese Bestandsaufnahme zu spät sein, Informanten und Informantinnen, die sich an das alte Volksleben noch erinnern können, werden dann nicht mehr da sein.

Unsere Arbeit hat, aufs Ganze gesehen, zu zwei wichtigen Ergebnissen geführt:

1) Gerade im Zeitalter der **Globalisierung** ist es nötig, sich auf die Kräfte und die Werte der **Region** zu besinnen und zu ihnen zu bekennen. Die „Regionalisierung" steht nicht im Widerspruch zur Globalisierung. Man kann vielmehr – darauf weisen unsere Gewährsleute, darauf weist auch die Forschung immer wieder hin – seit der jüngsten Vergangenheit von einer Entdeckung oder Wiederentdeckung der regionalen Kultur sprechen, die ich mit vielen Beispielen in dieser Arbeit dargestellt habe. Die Menschen bekennen sich zu den großen regionalen Unterschieden in unserem Land, sie wenden sich gegen alle Versuche, landschaftliche Besonderheiten zu leugnen oder sie in einer Art Einheitskultur aufgehen zu lassen. Was ich zu Beginn sagte, kann – jetzt im Rückblick – durch viele Aussagen unserer Gewährsleute bestätigt werden: Die Hinwendung zur Region ist verbunden mit einer neuen Deutung des Heimatbegriffs. Die Zeichen für Rückbesinnung auf Heimat waren und sind für diejenigen, die mit offenen Augen und Ohren durchs Land gehen, deutlich wahrnehmbar: es sind allgemeiner, aber nicht überheblicher Regionalstolz, Heimatbewusstsein, Neuentdeckung oder wachsende Hochschätzung von Mundart und den übrigen Regionalsprachen (Umgangssprache und Verkehrssprache) und Volkslied, Altstadtsanierung und Dorferneuerung, Stadtteil-, Dorf- und Straßenfeste, neu entdecktes Interesse an der Regionalgeschichte u. v. m. Die Rückbesinnung kann dem Einzelnen auch helfen, die Bedeutung ethischer Grundwerte für das Zusammenleben der Menschen zu erkennen und sich, z. B. im beruflichen Umfeld, zu ihnen zu bekennen.

Als ganz besonders wichtige Erscheinungsformen der Heimat können die Mundart und das Volksleben allgemein angesehen werden. Mit beidem habe ich mich an ausgewählten Beispielen in diesem Buch und im ersten Band („Die Mundarten in Hessen – Regionalkultur im Umbruch des 20. Jahrhunderts") beschäftigt. Ich hoffe, dass ich mit meiner Arbeit den Leserinnen und Lesern, darunter auch Zugezogenen und Fremden, einen guten Einblick in die Volkskultur unserer Heimat geben konnte, wenn auch nur in Ausschnitten.

Dieser Einblick erweitert unser historisches Wissen, vor allem unsere Kenntnis über die heimische Region und ihre Menschen. Die Ausführungen zu Beginn des Buches werden jetzt beim kritischen Rückblick auf unsere Darstellung bestätigt: Das historische Wissen über die Lebenswelt der Menschen in unserer Region – ein Wissen, das wir in verschiedenen Erscheinungen kennen gelernt haben – ist eine Grundvoraussetzung für einen selbstbewussten Bezug zur eigenen Lebenswelt. Es trägt vor allem dazu bei, unsere heutige Lebensweise als Endpunkt einer längeren Entwicklung anzusehen. Diese Entwicklung hat den Menschen in unserem Raum, das ist immer wieder deutlich geworden, viel Mühe und Entsagung gebracht und abverlangt, aber das weitgehend friedliche Zusammenleben (das bedeutet kein konfliktfreies Miteinander) in einem überschaubaren Bereich, der für sie Heimat war und ist, hat ihnen auch Zufriedenheit und regionale Identität geschenkt. – Ob wir etwas von dieser Zufriedenheit in unser Leben, in die Hektik, in die vielen Sorgen und Nöte unserer Tage hinüberretten können? Das wäre, so meine ich, ein echter Gewinn an Lebensqualität.

2) Dieses Bekenntnis zur heimatlichen Lebenswelt bedeutet keine Abkehr von der Globalisierung, keine Abwendung von der Zustimmung zu den großen, den nationalen und den internationalen Zusammenschlüssen. Man muss, wenn man offen und kritisch die moderne Entwicklung kommentiert, Ja sagen zum Neuen, ohne das Alte zu vergessen.

Und was für die modernen Entwicklungstendenzen in einer ständig wachsenden Globalisierung von großer Bedeutung ist, kann nicht oft genug wiederholt werden: Die „Hauptressourcen" allen technischen Fortschritts sind Information und Wissen. Man muss sich in der Region vor allem „um die Menschen kümmern und ihre Qualifikationen und Kompetenzen verbessern." (Hill). Wer in der Zukunft den Herausforderungen seiner beruflichen Zukunft und den modernen Möglichkeiten, die von der Globalisierung ausgehen, gewachsen sein will, der wird sich umfassendes **Wissen** aneignen und sich um eine fortwährende Aus- und Weiterbildung bemühen müssen. Zu dieser Lebensgestaltung gehört auch die kritische Begegnung mit der eigenen Heimat, mit der regionalen Umwelt in Vergangenheit und Gegenwart. Diese Begegnung mit der eigenen Lebenswelt kann dem Einzelnen nicht nur bei seiner eigenen Daseinsbewältigung helfen, sie gibt ihm nicht nur die Kraft, eine positive Einstellung zur gesamten Lebensführung zu finden, sondern sie vermag ihn auch zu motivieren, sich um ständiges Lernen, ständige Weiterbildung zu bemühen. Ständiges Lernen „enthält eine strategische Bedeutung zur Sicherung der Wettbewerbsfähigkeit des Einzelnen und der Region [...] Investitionen in die Aus- und Weiterbildung sind damit Investitionen in die Zukunft." (Hill). Wer nach diesen Vorgaben handelt, der wird auch dazu beitragen, dass seine Heimat, seine Region den Herausforderungen der Zukunft in einer ständig sich ändernden Welt gewachsen ist.

Abkürzungen

Ahd., ahd.	Althochdeutsch, althochdeutsch
Bd.	Band
Bed.	Bedeutung
d. h.	das heißt
d. i.	das ist
DWB	Deutsches Wörterbuch
Forts.	Fortsetzung
gest.	gestorben
hd.	hochdeutsch
Hess.	Hessen
Hrsg.	Herausgeber
Jh.	Jahrhundert
lat.	lateinisch
M, m	Mitte, mittlerer, mittlere, mittleres
mhd.	mittelhochdeutsch
M-Hess.	Mittelhessen
mlat.	mittellateinisch
N, n	Norden, nördlich
N-Hess.	Niederhessen
NO, nö	Nordosten, nordöstlich
NW, nw	Nordwesten, nordwestlich
O, ö	Osten, östlich
o.	oder
o. a. (Ä.)	oder anderes (Ähnliches)
O-Hess.	Osthessen
Rhein-Main	Sprachgebiet Rhein-Main (Mischgebiet)
S, s	Süden, südlich(-er, -e, -es)
s.	siehe
s. d.	siehe dort
S-Hess.	Südhessen
SO, sö	Südosten, südöstlich
Sp.	Spalte
s. u.	siehe unten
SW, sw	Südwesten, südwestlich
u.	und
u. a.	und anderes
u. a. m.	und anderes mehr
u. ä.	und ähnlich
urspr.	ursprünglich
usw.	und so weiter
u. v. a.	und vieles andere
u. v. m.	und vieles mehr
vgl.	vergleiche
W, w	Westen, westlich
WSAH	Wortgeographie der städtischen Alltagssprache in Hessen
z. B.	zum Beispiel
z. T.	zum Teil

Bildteil

Historische Abbildungen von 1908 bis heute

Abb. 1: Bauernhof in Mittelhessen. Mist vor dem Haus; eisenbereifter Ackerwagen mit Jauchefass, außerdem kleiner, eisenbereifter Kastenwagen auf dem Hof.

Abb. 2: Großes Fachwerkhaus in Mittelhessen.

Abb. 3–5: Fachwerkschmuck mit charakteristischen Stilformen der überlieferten Volkskunst.

Abb. 6: Fachwerkhaus aus dem niederdeutschen Teil Hessens.
Großer eisenbereifter Erntewagen im Vordergrund.

Abb. 7: Dielentor aus dem niederdeutschen Teil Hessens (um 1704). (rechts oben)

Abb. 8: Dielentor eines Hauses von 1719 aus Hermershausen. Landkreis Kassel. (rechts unten)

Abb. 9: Holzschneidemaschine auf dem Bauernhof.

Abb. 10: Frauen und Männer auf einem mittelhessischen Bauernhof während des Ersten Weltkrieges. Kriegsgefangener mit Armbinde, der zur Arbeitshilfe eingesetzt ist.

Abb. 11: Hausschlachtung im Kriegsjahr 1940.

Abb. 12: Bei der Schafschur um 1920.

Abb. 13: Obstverkauf an einen Frankfurter Händler bei der Zwetschen-Sammelstelle in Linden-Großenlinden (M.-Hess.).

Abb. 14: Beim Handmelken in M.-Hess. (rechts oben)

Abb. 15: Beim Selberbacken. Gebackene Brotlaibe und nicht verbrauchtes Holz werden auf dem Handwagen nach Hause gefahren. (rechts unten)

Abb. 16: Bauer transportiert mit Fahrkühen
Brennholz auf eisenbereiftem Kastenwagen.

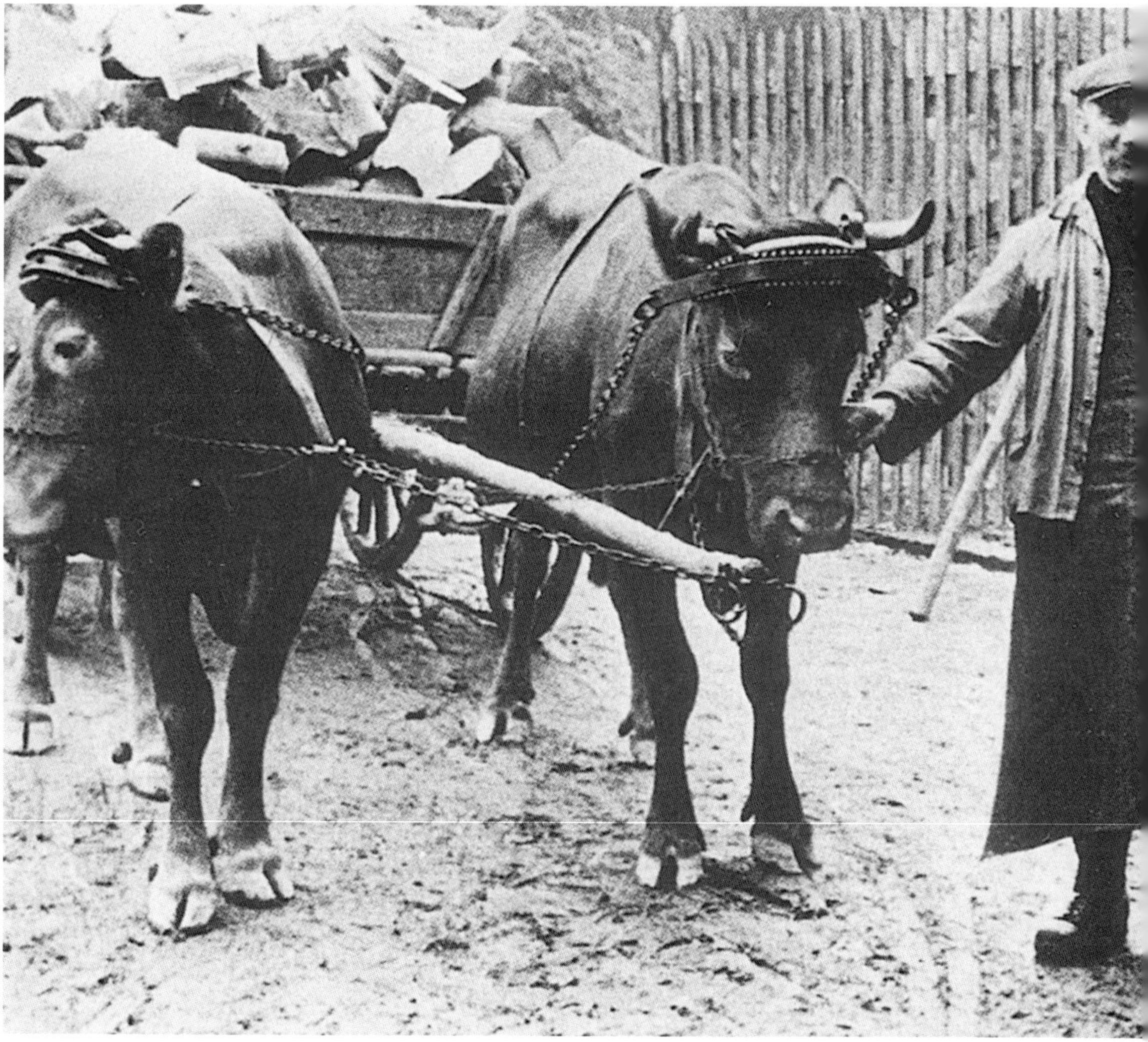

Abb. 17: Altbürgermeister Lang aus Linden-Großen-Linden beim Futterholen. (oben)

Abb. 18: Bauer mit eisenbereiftem Wagen und Kuhgespann.

Abb. 19 a und b: Pflügender Bauer.

Abb. 20: Beim Hufschmied 1936 in S.-Hess.

Abb. 21: Junge führt geputztes Pferd vor. Im Hintergrung zwei eisenbereifte Arbeitswagen, der eine mit einem Jauchefass.

Abb. 22: Frauen beim Sortieren von Saatkartoffeln. (links oben)
Abb. 23: Kartoffelernte. Frauen binden Kartoffelsäcke zu. (links unten)
Abb. 24: Kartoffelerntemaschine.

Abb. 25: Menschen beim Rübenvereinzeln um 1960.

Abb. 26: Beladen des gummibereiften Wagens mit gesäubertem Dickwurz.

Abb. 27: Bei der Getreideaussaat.

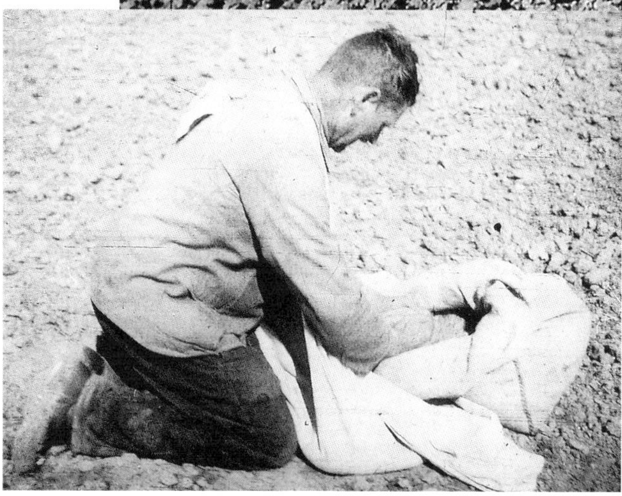

Abb. 28: Füllen des Sätuches.

Abb. 29: Aussaatarbeit: Untereggen des ausgesäten Getreides. (rechts oben)

Abb. 30: Johann Thomas beim Hafersäen in Rüchenbach. (links oben)

Abb. 31: Kuhgespann mit Stirnjoch, Holzpflug beim Pflügen eines Stoppelackers.

Abb. 32: Getreideernte mit Sense und Sichel. Schnitter wetzt die Sense.

Abb. 33a und b: Roggenernte mit Sense, an der das Reff befestigt ist, und Sichel zur Zeit des Ersten Weltkrieges.

Abb. 34: Roggenernte mit Sense und Sichel. Eine Frau stellt aus zwei Lagen Kornstroh Seile her, die sie auf den Boden legt.

Abb. 35: Pause bei der Roggenernte.

Abb. 38: Roggenernte
1939 mit Selbstbinder.

Abb. 36: Roggenernte in den 30er Jahren. Die Garben werden zu Heuchel (Hausten) zusammengestellt. (links oben)

Abb. 37: Getreideernte 1942. Roggenhaufen mit „Hut". (links unten)

Abb. 39: Beladen eines eisenbereiften Erntewagens mit Korngarben. (links oben)

Abb. 40: Begegnung eines beladenen und eines unbeladenen Erntewagens auf schmalem Feldweg. (rechts oben)

Abb. 41: Nachgestelltes Bild einer Brauchtumsgruppe: Pause bei der Erntearbeit.

Abb. 42: Getreidedrusch und Göpel im Jahr 1911.

Abb. 43: Dreschmannschaft, Lokomobile, Dreschmaschine (noch ohne Presse). (rechts oben)

Abb. 44: Dreschmannschaft vor einer Lokomobile mit Schwingrad und Treibriemen. (rechts unten)

Abb. 45: Erntedankfest im Taunus im Jahre 1921.

Abb. 46: Sackträger beim Dreschen.
Abb. 47: Teil der Dreschmaschine. (rechts oben)
Abb. 48: Dreschmaschine mit Elektrowagen in der Dreschhalle vor dem Dorf. (rechts unten)

Buschhoff

Abb. 49: Bauer wetzt die Sense bei der Heumahd.

Abb. 50: Heu wird gewendet.

Abb. 51: Beim Lohschälen.

Abb. 54: Frauen bei der Wäsche vor dem Dorfbrunnen. (rechts oben)

Abb. 55: Frauen bei der Wäsche. (rechts unten)

Abb. 52: Der Ferkelverkäufer ist im Dorf.

Abb. 53: Alter Schäfer aus dem Hinterland, dem nördlichen Teil Mittelhessens.

Abb. 56: Schulklasse mit Kindern aus dem südlichen Teil Niederhessens (Haina). Aufnahme aus dem Jahr 1927. Die meisten Mädchen in Marburger evangelischer Tracht.

Abb. 57: Verdiente Ruhepause. (links oben)

Abb. 58: Ruheplatz der Alten. (links unten)

Abb. 59: Kinder in einer alten Zinkwanne im Freien beim Baden.

Abb. 60: Kinder schnitzen Totenköpfe bzw. Dickwurzteufel aus Dickwurz. (unten)

Abb. 61: Junge Frau in der „besseren" Arbeitstracht des „Breidenbacher Grundes" (Altkreis Biedenkopf) bei der Heuernte.

Abb. 62: Ein Packwagen wird beladen.

Moderne Heimat- und Trachtenvereine stellen die alten Trachten vor:

Abb. 63: Tracht aus Osthessen: Friedewald-Lautenhausen.

Abb. 64: Tracht aus Mittelhessen: Heimatverein Weidenhausen (Altkreis Biedenkopf).

Abb. 65: Tracht aus Mittelhessen: Dautphetal-Dautphe.

Abb. 66: Tracht aus Mittelhessen: Volkstanz- und Trachtengruppe Gladenbach.

Abb. 67: Tracht aus Mittelhessen: Volkstanz- und Trachtengruppe Gladenbach.

Abb. 68: Tracht aus Mittelhessen: Volkstanz- und Trachtengruppe Gladenbach.

Literaturverzeichnis

Abel, Wilhelm: Geschichte der deutschen Landwirtschaft vom frühen Mittelalter bis zum 19. Jahrhundert. 3. Auflage. Stuttgart 1978.

Bastian, Heinrich: Alles für mei Hesselaad. Marburg 1988.

Bausinger, Hermann: Heimat und Identität. In: Moosman, Elisabeth (Hrsg.): „Heimat, Sehnsucht nach Identität. Ästhetik und Kommunikation." Berlin 1980, S. 13–29.

Beck, H.: Der Kulturzusammenstoß zwischen Stadt und Land in einer Vorortgemeinde (Beiträge zur Soziologie und Sozialpsychologie, Hrsg. v. R. König. Bd. 6). Zürich 1952, S. 160 ff.

Bergmann, Gunter: Kleines sächsisches Wörterbuch. München 1987.

Blücher, Viggo Graf: Freizeit in der industriellen Entwicklung, dargestellt an der jüngeren Generation. Stuttgart 1956.

Bolte, K. M./Kappe, D./Neidhardt, F.: Soziale Schichtung. In: Struktur und Wandel in der Gesellschaft (= Reihe B der Beiträge zur Sozialkunde). Opladen 1966.

Boßhammer, Albert: Dorfgeschichten. Erinnerungen eines hessischen Bauernjungen. Goßfelden-Sarnau 1990.

Brenner, Walter Gustav: Ernte- und Dreschtechnik der Halmfrüchte. In: Die Geschichte der Landtechnik im XX. Jahrhundert. Hrsg. v. Günther Franz. Frankfurt/Main 1969, S. 306–336.

Bumb, Manfred: Landwirtschaftliche Verbesserungen in schottischen Grafschaften 1700–1850. Die schottische Landwirtschaft vor dem Hintergrund der geistigen, wirtschaftlichen und gesellschaftlichen Entwicklung Europas. Bernsberg 1973.

Dahrendorf, Ralf: Gesellschaft und Demokratie in Deutschland. München 1965.

Dahrendorf, Ralf: Soziale Klassen und Klassenkonflikte in der industriellen Gesellschaft. Stuttgart 1957.

Deutsches Wörterbuch von Jacob und Wilhelm Grimm (DWB). Band 1–16. Leipzig 1854–1960.

Dingeldein, Heinrich J.: Hessische sprachliche Landesforschung. Geschichte und Ergebnisse. In: Hessische Blätter für Volks- und Kulturforschung 11/12. Hrsg: v. Rosemarie Schanze. Gießen 1981, S. 56–108.

Dingeldein, Heinrich J.: Studien zur Wortgeographie der städtischen Alltagssprache in Hessen. – Areale, stratische und diachron-kontrastive Analysen. Tübingen 1991. (Hessische Sprachatlanten. Kleine Reihe 2).

Fenner, Eckhard: Prägende Kindheit im Dorf. In: Das Dorf als Heimat (Kirche im ländlichen Raum. 4/1982). Hrsg. Helmut Grün. Altenkirchen 1982, S. 141 f.

Frankfurter Wörterbuch. Frankfurt a. M.: Aufgrund des von Joh. Joseph Oppel und Hans Ludwig Rau (1892–1945) gesammelten Materials herausgegeben [...] v. Wolfgang Brückner. Bearbeitet v. Rainer Alsheimer, Rosemarie Schanze, Hans-Otto Schembs. Frankfurt/Main 1977 ff.

Franz, Günther: Die Geschichte der Landtechnik im XX. Jahrhundert. Frankfurt/Main 1969.

Friebertshäuser, Hans/Dingeldein, Heinrich J.: Wortgeographie der städtischen Alltagssprache in Hessen. Graphisch-computative Bearbeitung: Harald Händler und Wolfgang Putschke. Tübingen 1988 (Hessische Sprachatlanten. Kleine Reihe 1).

Friebertshäuser, Hans/Dingeldein, Heinrich J.: Hessischer Dialektzensus. Statistischer Atlas zum Sprachgebrauch. Hergestellt mit Softwaresystemen von Harald Händ-

ler und Wolfgang Putschke. Tübingen 1989 (Hessische Sprachatlanten. Kleine Reihe 3).
Friebertshäuser, Hans: Sprache und Geschichte des nordwestlichen Althessen. Marburg 1961.
Friebertshäuser, Hans: Die Frauentracht des alten Amtes Blankenstein. Marburg 1965. (Beiträge zur Volkskunde Hessens 5).
Friebertshäuser, Hans: Das hessische Dialektbuch. München 1987.
Friebertshäuser, Hans: Sprichwörter aus Hessen. Husum 1989 (a).
Friebertshäuser, Hans (Hrsg.): Kulturarbeit in ländlichen Städten und Gemeinden. Kassel 1989 (b). (Schriften der hessischen Akademie der Forschung und Planung im ländlichen Raum 1).
Friebertshäuser, Hans: Kleines hessisches Wörterbuch. München 1990 (a).
Friebertshäuser, Hans: Redensarten aus Hessen. Husum 1990 (b).
Friebertshäuser, Hans: Land und Stadt im Wandel. Mundart und bäuerliche Arbeitswelt im Landkreis Marburg-Biedenkopf. Marburg 1991.
Friebertshäuser, Hans: Ländlicher Raum im Wandel. Mundart und Dorfleben in Hessen. Frankfurt a. M. 1993.
Friebertshäuser, Hans: Mundart und Volksleben im Altkreis Biedenkopf. Biedenkopf 1998.
Fürstenberg, F.: Das Aufstiegsproblem in der modernen Gesellschaft. Stuttgart 1962.
Greverus, Ina-Maria: Auf der Suche nach Heimat. 1976.
Häfner, Kurt: Legende Lanz Bulldog. Frankfurt 1997.
Hain, Mathilde: Sprichwort und Volkssprache. Eine volkskundlich-soziologische Dorfuntersuchung. Gießen 1951.
Henkel, Gerhard: Der ländliche Raum. Gegenwart und Wandlungsprozesse seit dem 19. Jahrhundert in Deutschland. Stuttgart 1995.
Herrmann, Klaus: Pflügen, Säen, Ernten. Landarbeit und Landtechnik in der Geschichte. Hamburg 1985.
Hessen-Nassauisches Volkswörterbuch (VwB): Aus den für ein Hessen-Nassauisches Wörterbuch [...] von Ferdinand Wrede angelegten und verwalteten Sammlungen ausgewählt von Luise Berthold und (ab Bd. 4) Hans Friebertshäuser. Marburg 1927 ff.
Hill, Hermann: Innovationskoalitionen von Wirtschaft und Verwaltung im Wettbewerb der Regionen. In: Globale Herausforderungen und lokale Standortpolitik. Genossenschaftsverband Hessen/Rheinland-Pfalz/Thüringen 1999.
Hupfauer, Max: Vom Sähdrusch zur Drillmaschine. In: Die Geschichte der Landtechnik im 20. Jahrhundert. Hrsg. v. Günther Franz. Frankfurt a. M. 1969, S. 178 ff.
Kleining, G.: Zum gegenwärtigen Stand der „Imageforschung“. In: Psychologie und Praxis, S. 203 f.
Kleining, G.: Über soziale Images. In: Kölner Zeitschrift f. Soziologie und Sozialpsychologie. Sonderheft 5. 1961, S. 146.
Kluth, Heinz: Arbeiterjugend – Begriff und Wirklichkeit. In: Arbeiterjugend – gestern und heute. Hrsg.: Helmut Schelsky. Heidelberg 1955.
Kötter, Herbert: Landbevölkerung im sozialen Wandel, Düsseldorf 1958.
Kuhnen, Frithjof: Ländliche Lebensformen der Nichtlandwirte. In: Innere Kolonisation. Zeitschrift für Fragen der Siedlung, Landesplanung, Agrarstruktur und Flurbereinigung, 7. Jg., Heft 4, 1958.
Leben auf dem Lande. Europäische Kampagne für den ländlichen Raum 1987–1988. Hrsg.: Der Bundesminister für Raumordnung, Bauwesen und Städtebau. Düsseldorf 1987.

Lebensverhältnisse in kleinbäuerlichen Dörfern. In: Berichte über Landwirtschaft (= Zeitschrift für Agrarpolitik und Landwirtschaft. Neue Folge, 157. Sonderheft), S. 81 ff.

Lexer, Matthias: Mittelhochdeutsches Wörterbuch. 3 Bände. Leipzig 1972.

Lohmar, K.: Die arbeitende Jugend im Spannungsfeld der Organisation in Gesellschaft und Staat, In: Arbeiterjugend gestern und heute. Hrsg. von H. Schelsky. Heidelberg 1955.

Lücking, Wolf/Hain, Mathilde: Trachtenleben in Deutschland III, Hessen. Berlin 1954.

Mak, Geert: Wie Gott verschwand aus Jarweed. Berlin 1999.

Martin, Bernhard: Die Namensgebung einiger aus Amerika eingeführter Kulturpflanzen in den deutschen Mundarten (Kartoffel, Topinambur, Mais, Tomate). In: Deutsche Wortforschung in europäischen Bezügen, Bd. 2, Gießen 1963, S. 3–112.

Mayntz, Renate: Soziale Schichtung und sozialer Wandel in einer Industriegemeinde. Stuttgart 1958.

Neundörfer, L.: Die Angestellten. Neuer Versuch einer Standortbestimmung. In: Soziologische Gegenwartsfragen. Neue Folge. Hrsg. v. C. Jantke, L. Neundörfer, H. Schelsky. Stuttgart 1961.

Newman, K. J.: Zerstörung und Selbstzerstörung der Demokratie. Europa 1918–1938. Köln, Berlin 1965.

Planck, U.: Der bäuerliche Familienbetrieb zwischen Patriarchat und Partnerschaft (Soziologische Gegenwartsfragen. Neue Folge 20). Stuttgart 1964.

Popitz, H./Bahrdt, H. P./Jüres, E. A./Kesting, H.: Das Gesellschaftsbild des Arbeiters. Tübingen 1958.

Priebe, Hermann: Leben in der Stadt oder auf dem Land. Mehr Lebensqualität durch sinnvolle Raumgestaltung. Unter Mitarbeit von Heino von Meyer. Frankfurt/Main, Berlin, Wien 1985.

Röhrich, Lutz/Mieder, Wolfgang: Sprichwort. Sammlung Metzler. M 154. Stuttgart 1977.

Rumpf, Karl: Deutsche Volkskunst, Hessen. Marburg 1951.

Schäfer, Mechthild: Die Entwicklung bäuerlicher Lebens- und Familienauffassung und ihre Bedeutung für die Pädagogik, dargestellt auf Grund von Romanliteratur. München 1955.

Scheld, Karl: Haus Hardtblick – Geschichte des Missionarswohnheims in Weidenhausen. In: Hinterländer Geschichtsblätter, 74. Jg., Nr. 1, März 1995, S. 1 ff.

Schelsky, H./Gehlen, A.: Soziologie. Lehr- und Handbuch zur modernen Gesellschaftskunde. Düsseldorf, Köln 1964.

Schreiner-Koscielny, J./Koscielny, G./Brückner, M.: Unsere einzigartige Region. Ein Leitfaden für praktisches Regionalmarketing. Genossenschaftsverband Hessen/Rheinland-Pfalz/Thüringen 1999.

Schwarz, Werner: Die Technik in der Geschichte des Landbaus. In: Deutsches Museum. Abhandlungen und Berichte. 30. Jahrgang. Heft 1. 1962.

Seidelmann, Erich: „Kartoffeln häufeln". Bezeichnungsgeschichte und Wortgeographie eines neuzeitlichen Arbeitsbegriffs. Gießen 1968 (= Deutsche Wortforschung in europäischen Bezügen 5). Hrsg. v. Ludwig Erich Schmitt, S. 267–333.

Sprache und Brauchtum 1980: Bernhard Martin zum 90. Geburtstag. Hrsg. v. Reiner Hindebrandt und Hans Friebertshäuser. Marburg 1980 (Deutsche Dialektgeographie 110).

Stolle, Walter: Heuernte und Hausindustrie in Hessen. Marburg 1973 (Marburger Studien zur vergleichenden Ethnosoziologie 5).

Südhessisches Wörterbuch: Begründet von Friedrich Maurer. Nach den Vorarbeiten von Friedrich Maurer, Friedrich Stroh und Rudolf Mulch, bearbeitet von Rudolf Mulch und (ab Bd. 3) Roland Mulch. Marburg 1965 ff.

Wagner, Kurt: Leben auf dem Lande im Wandel der Industrialisierung. Frankfurt/Main 1986.

Weber-Kellermann, J. / Stolle, W.: Volksleben in Hessen 1970. Göttingen 1971.

Wegener, Philipp: Über deutsche Dialektforschung. In: Zeitschrift für deutsche Philologie 9, 1980, S. 450–479.

Weippert, Georg: Strukturwandlungen im ländlichen Lebensbereich. In: Zeitschrift für Agrargeschichte und Agrarsoziologie 1955/1956.

Will, Wilhelm: Die Volkssprache. In: Handbuch der deutschen Volkskunde, Bd. 3, Potsdam o. J., 301–320.

Witte, Hedwig: Hessisch, wie es nicht im Wörterbuch steht. Frankfurt/Main 1971.

Wolf, W. 1990: „Das Bauen ist eine feine Lust ..." – Fachwerk und Kratzputz. In: Daheim im Landkreis Marburg-Biedenkopf 1990. S. 88–93.

Wurzbacher, G./Pflaum, R.: Das Dorf im Spannungsfeld industrieller Entwicklung. Stuttgart 1960.

Quellenverzeichnis zu den Abbildungen

Archiv Weimar (Abb. 4, 5, 6, 45, 46, 48)
Bildarchiv Foto Marburg (Abb. 2, 31, 40, 47)
Ferdinand Justi: Hessisches Trachtenbuch. 1900. Marburg (Abb. 59)
Gemeindearchiv Breidenbach (Abb. 57)
Heimatverein Friedewald-Lautenhausen (Abb. 60)
Heimatverein Weidenhausen (Altkreis Biedenkopf) (Abb. 65)
Heinrich Grebe, Biedenkopf-Wallau (Abb. 15, 20, 29, 30, 49, 51, 52, 54, 55, 58)
Helmut Faber, Linden (Abb. 12, 13, 19, 26–28, 33, 38, 44)
Jens Freitag, Geismar (Abb. 25)
Landwirtschaftsverlag Hessen, Friedrichsdorf (Abb. 9, 10, 11, 14, 16, 17, 18, 21, 22, 23, 24, 32, 35, 36, 37, 41, 42, 43, 56)
Privatbesitz des Autors (Abb. 1, 3, 7, 8, 50, 66)
Seibel, Heina (Abb. 53)
Volkstanz und Trachtengruppe Gladenbach (Abb. 62, 63, 64)
Heimatverein Rüchenbach (Abb. 34, 39)
Volkstanzgruppe Dautphetal (Abb. 61)

Inhaltsverzeichnis